Richard Wagner

Das Liebesverbot

oder

Die Novize von Palermo

Große komische Oper in zwei Akten

Richard Wagner: Das Liebesverbot oder Die Novize von Palermo.
Große komische Oper in zwei Akten

Uraufführung: 29. März 1836 in Magdeburg.

Neuausgabe mit einer Biographie des Autors
Herausgegeben von Karl-Maria Guth
Berlin 2017

Umschlaggestaltung von Thomas Schultz-Overhage

Gesetzt aus der Minion Pro, 11 pt

Verlag: Henricus - Edition Deutsche Klassik GmbH
Mörchinger Str. 33, 14169 Berlin, info@henricus-verlag.de
Druck: Libri Plureos GmbH, Friedensallee 273, 22763 Hamburg

ISBN 978-3-7437-0793-1

Bibliografische Information der Deutschen Nationalbibliothek

Die Deutsche Nationalbibliothek verzeichnet diese Publikation in
der Deutschen Nationalbibliografie; detaillierte bibliografische Daten
sind im Internet über www.dnb.de abrufbar.

»Ich irrte einst, und möcht' es nun verbüßen;
Wie mach' ich mich der Jugendsünde frei?
Ihr Werk leg' ich demütig dir zu Füßen,
Daß deine Gnade ihm Erlöser sei.«

Richard Wagner.
Luzern zu Weihnachten 1866.

Personen

Friedrich, ein Deutscher, in Abwesenheit des Königs Statthalter von Sizilien

Luzio,
Claudio, zwei junge Edelleute.

Antonio,
Angelo, ihre Freunde.

Isabella, Claudio's Schwester
Mariana, Novizen im Kloster der Elisabethinerinnen.

Brighella, Chef der Sbirren.

Danieli, Wirth eines Weinhauses.

Dorella, früher Isabella's Kammermädchen

Pontio Pilato in Danieli's Diensten.

Gerichtsherren. Sbirren. Einwohner jedes Standes von Palermo. Volk. Masken. Ein Musikcorps.

Palermo im 16ten Jahrhundert.

Erster Akt

Vorstadt mit Belustigungsörtern aller Art. Im Vordergrunde das Weinhaus Danieli's. Großer Tumult. Eine Schaar von Sbirren sind damit beschäftigt, in den Belustigungsörtern und Tabagien Verwüstungen anzurichten; sie reißen die Aushängeschilder herunter, zerschlagen Möblen und Gefäße, und so weiter. Der Chor des Volkes macht sich über sie her, und sucht ihnen Einhalt zu thun. Es kommt zu Schlägereien.

CHOR.
    Ihr Galgenvögel, haltet ein,
    ihr Schurken, laßt die Arbeit sein!
    Schlagt auf sie los mit kräft'ger Faust,
    bei Rock und Haar die Flegel zaust!

    Luzio, Angelo und Antonio haben sich lachend aus dem Weinhaus herausgeschlagen.

LUZIO, ANTONIO UND ANGELO *lachend.*
    Ha, ha, ha, ha! Das nenn' ich Spaß!
LUZIO.
    Man schlug mir aus der Hand das Glas.
ANTONIO.
    Ich theilte wacker Prügel aus.
ANGELO.
    Zum Teufel das verdammte Haus!
LUZIO.
    Wer hat die Schufte hergeschickt?
    Verwüstet wird, wohin man blickt!

    Brighella mit mehreren Sbirren bringen Danieli, Pontio und Dorella als Gefangene aus dem Weinhaus.

CHOR.
    Seht nur! Dort bringt man sie beim Kragen!
PONTIO.
    Fort, Kerl!

DANIELI.
>Laßt los!

DORELLA.
>Was für Betragen!

LUZIO.
>Helft mir, ich komm' vor Lachen um!

DANIELI.
>Ich schlag' euch Arm und Beine krumm!

BRIGHELLA.
>Nur vorwärts, lüderliches Pack,
>hat man mit euch doch Noth und Plack!

DORELLA.
>Laßt mich, ich folge keinen Schritt;
>o heilge' Jungfrau, welche Scham!

BRIGHELLA.
>Bringt mir die heil'ge Jungfrau mit!

CHOR.
>Laßt los, was haben sie gethan?

DORELLA.
>Ach, Luzio, helft mir, steht mir bei!
>Ihr schwurt mir ja beständig Treu',
>und ich zog euch auch Allen vor;
>ich schenk' euch gern das Eh'versprechen,
>nur macht mich frei von diesen Frechen,
>und haut sie tüchtig über's Ohr!

LUZIO.
>Potztausend, welch ein großes Glück!
>Das Eh'versprechen ging zurück!

>>*Zu Brighella.*

>Nun denn, mein Freund, so laßt sie frei!

BRIGHELLA.
>Nichts da! Marsch fort! Wollt ihr gleich weichen!

LUZIO.
>Laßt los, wenn's euch gerathen sei!

BRIGHELLA.
>Packt diesen Bengel sondergleichen!

LUZIO.
>   Zurück, ihr Lümmel, wollt' ihr's wagen!

LUZIO *zum Volk.*
>   Ihr Freunde, wacker zugeschlagen!
>   Faßt an, und jagt sie in die Stadt!

CHOR.
>   Wir sind der Übermüth'gen satt!

ANGELO.
>   Was für Befehl befolgt ihr hier?

LUZIO.
>   Was für Befehl? Antworte mir!

DORELLA, PONTIO UND DANIELI.
>   Was führt ihr uns gefangen fort?

CHOR.
>   Was haus't ihr so an diesem Ort,
>   was haus't ihr so?

LUZIO.
>   Was für Befehl? Antworte mir!

ALLE.
>   Antwortet schnell, was für Befehl?

BRIGHELLA *zieht ein großes Pergament hervor.*
>   Halt! Hier ist der Befehl!

Spricht.

Bitte tausendmal um Entschuldigung, Signor, bitte tausendmal um Entschuldigung, daß ich nicht früher so klug war! Ich danke für die gütige Erinnerung.

Singt.

>   Tambour, so trommle denn zur Ruh,
>   und ihr hört mir gelassen zu!

Der Tambour rührt nach allen vier Seiten hin die Trommel.

ALLE.
>   Seid still! Was mag das wieder sein?
>   Was Neu' s von Friedrich's Alberei'n!

BRIGHELLA *liest das Gesetz vor:* »Wir, tief entwürdigt durch das gräuliche Überhandnehmen abscheulicher Lüderlichkeiten und Lasterhaftigkeiten in unserer gottlosen und verderbten Stadt fühlen uns zur Wiederherstellung eines reineren und gottgefälligeren Wandels, sowie zur Verhütung größerer Ausschweifungen, bewogen, mit exemplarischer Strenge den Grund und die Wurzel des Übels zu vertilgen. Wir befehlen kraft der uns verliehenen Gewalt hiemit: Der Carneval, dieses üppige und lasterhafte Fest, ist aufgehoben, und bei Todesstrafe jede Gebräuchlichkeit desselben verboten; alle Wirthschaften und Belustigungsörter sollen aufgehoben und geräumt werden, und jedes Vergehen des Trunkes sowie der Liebe werde fortan mit dem Tode bestraft.
  Im Namen des Königs,
     sein Statthalter Friedrich.«
ALLE *lachend.*
 Ha, ha, ha, ha! Welch' neuer Spaß!
LUZIO.
 Nun weiß man doch, woran man ist!
 Es lebe Friedrich's Majestät!
ALLE.
 Er lebe hoch, der gute Christ!
BRIGHELLA.
 Gott, welche Frechheit nehm' ich wahr!
DORELLA.
 Jetzt wird die Sache spaßhaft gar!
LUZIO.
 Was, keine Liebe, keinen Wein,
 und endlich gar kein Carneval!
ALLE *außer Brighella.*
 Der deutsche Narr, auf, lacht ihn aus,
 das soll die ganze Antwort sein;
 schickt ihn in seinen Schnee nach Haus,
 dort laßt ihn keusch und nüchtern sein.
 Ha, ha, ha, ha! Auf, lacht ihn aus!
BRIGHELLA.
 Jetzt wird's zu toll, ich halt's nicht aus!
 Kann man so frech und schamlos sein!

Bin ich aus dem Gedräng' heraus,
dann laß ich nie mich wieder ein!

Claudio wird von mehreren Sbirren als Gefangener gebracht.

ANGELO.
Wen bringt man dort? Seh't hin!
LUZIO.
Was ist? 's ist Claudio! Was, gefangen!
CLAUDIO.
Gefangen! 's ist das schlimmste nicht,
fragt nur noch weiter, und gar bald erfahrt ihr,
was mir nicht lieb!
LUZIO.
Sprich doch, was legt man dir zur Last?
CLAUDIO.
So viel nur, mir den Tod zu geben!
LUZIO.
Den Tod?
ALLE.
Den Tod! Ha, wen erschlug er?
LUZIO.
Begingst du Hochverrath?
ALLE.
Hochverrath?
CLAUDIO.
Nicht doch! – Ich liebte nur!
LUZIO.
Du liebtest nur? Und nun?
CLAUDIO.
Kennst du es nicht, des Thoren Friedrich's neu Gesetz?
LUZIO.
Ich lache d'rüber, thu' es auch!
CLAUDIO.
Schon morgen! – Lache, wer da kann!
ALLE.
Schon morgen! Gott! Weil er geliebt!
Das ist zu viel, das ist zu toll!

CLAUDIO.
>   Dorella? Wie? So treff' ich dich?
>   Wie kamst du hieher, sprich?

DORELLA.
>   Ach Claudio, zwar seid ihr selbst in Noth,
>   doch seht, auch ich bin wahrlich schlimm daran;
>   als Isalella, eure Schwester
>   in's Kloster als Novize trat,
>   entließ sie mich aus ihrem Dienst; –
>   in jenem Weinhaus dient' ich nun,
>   und heute werde ich mit Allen
>   gefangen und davongeführt.

CLAUDIO.
>   Du warst mir lieb und thust mir leid,
>   ich helf' dir gern, wenn mir man hilft!

LUZIO.
>   Was ist zu thun? Ich glaub' doch kaum,
>   daß es Ernst dem Statthalter ist!

ANTONIO, ANGELO, CHOR.
>   Wenn auch, wir wollen ihn befrei'n!

CLAUDIO.
>   Ihr kennt nicht Friedrich's Festigkeit!

LUZIO.
>   Den Narren, ja, ich kenne ihn!
>   Nicht warmes Fleisch, noch warmes Blut
>   schließt seine steife Seele ein;
>   der König kennt wohl seine Treue,
>   den strengen, unbeugsamen Sinn,
>   und setzt ihn deßhalb über uns.

CLAUDIO.
>   Er ist ein Ehrenmann!

LUZIO.
>   Ein Narr!
>   Mag er in uns'rer heißen Luft
>   vor Frost vergeh'n, wir bleiben heiß,
>   und fürchten soll er uns're Gluth!

CLAUDIO.
>   Der fürchtet nichts! Nur eines bleibt,

wovon ich Rettung hoffen kann, –
hör' mich, mein Luzio! –
Du kennest jenen stillen Ort,
das Kloster der Elisabeth;
die treue Schwester weilet dort,
und weih't sich einsamem Gebet!
O eile, Freund, zu ihr dahin,
sprich sie um Hülfe für mich an,
daß Schwesterfleh'n den harten Sinn
erweiche diesem kalten Mann!
Sag' ihr, wenn auch ein Fehler sei,
was ich beging, ich mach' ihn gut;
bewege sie, daß sie verzeih',
dann bau' ich ganz auf ihren Muth!

ALLE.

Wo soll das noch mit Allem hin,
vor Wuth und Ärger glühen wir!
Wuth und Verzweiflung kocht in mir!
So eines einz'gen Narren Sinn
raubt alle Lust und Freiheit hier!

LUZIO.

Zu deiner Schwester eil' ich hin,
durch sie bereit' ich Rettung dir.
Erweicht ihr Fleh'n nicht seinen Sinn,
so kommt die Hülfe dir von mir.
Von mir dir Rettung!
Ich eile, Freund, zu ihr dahin!

CLAUDIO.

Allein von ihr!
O eile, Freund, zu ihr dahin,
denn Rettung kommt allein von ihr!
Ich kenne ihren klugen Sinn,
und ihre Treu' bringt Hülfe mir!
Nur von ihr kommt Rettung!
O eile, Freund, zu ihr dahin,
nur ihre Treu' bringt Hülfe mir!

BRIGHELLA.

Wie bring' ich nach der Stadt sie hin,

das Volk scheint sehr verdächtig mir!
Ihr Droh'n verwirrt mir ganz den Sinn,
ach, ich wollt', ich wär' hinweg von hier!

Alles zerstreut sich nach und nach im Tumult. Brighella und die Sbirren brechen sich mit ihren Gefangenen mit großer Mühe Bahn durch das Volk.

Klosterhof im Kloster der Elisabethinerinnen. Man sieht auf der einen Seite in den Klostergarten, auf der andern nach der Kirche. Im Mittelgrunde die Pforte.

CHOR DER NONNEN *hinter der Scene.*
Salve regina coeli! Salve!
ISABELLA UND MARIANA *kommen aus dem Garten.*
MARIANA, ISABELLA.
Göttlicher Frieden, himmlische Ruh'
ist uns beschieden, lächelt uns zu!
Weltliche Schmerzen, lange beweinet,
fliehen die Herzen, liebend vereinet!
ISABELLA.
Geheilet, hoff' ich, ist die Wunde,
die du der Schwester stets verbargst;
verlangst du Trost, o so vertrau' dem Munde
die lang' verhüllten Schmerzen an!
Wir liebten uns seit früher Jugend,
doch seit drei Jahren schon getrennt
traf einzeln uns manch' herb Geschick;
beraubt der Mutter und des Vaters,
suche ich Schutz in diesen Mauern;
hier treff ich dich in Schmerz und Leid,
doch schweigst du stets, nicht werth mich achtend,
zu theilen einer Schwester Gram!
MARIANA.
O schweige, du allein nur bist's,
von der ich Trost und Liebe hoffe!
Welch andre Schmerzen kennt ein Weib,
als die der Liebe?
Treulosigkeit des Mannes, den ich innig liebte,

zerstörte alle Lebenslust!
Ach, schon verband des Priesters Hand
das stille Bündniß uns'rer Liebe,
doch er, der arm und unbekannt
Sicilien einst betrat,
gewann des Königs Gunst, und stieg so hoch,
daß er, von Ehrgeiz nur entflammt,
der Liebe stilles Glück verschmäh'te,
und mich, die Gattin, bald verließ!

ISABELLA *voll Zorn.*

Ha, Schändlichkeit! Wer war der Mann?

MARIANA.

Der jetzt hier herrschet, Friedrich war's!

ISABELLA.

Ich kenne ihn, den falschen Mann,
den Heuchler. – O, – der Weiberschmach,
daß wir nur weiche Thränen haben,
nicht Rache solchem Männervolk!

MARIANA.

Laß mir die Thräne, meinen Trost,
Ergebung lehrt mein neuer Stand;
die Schwester für den falschen Freund
gab mir der Himmel, – bin ich arm? –
Göttlicher Frieden, himmlische Ruh'
ist uns beschieden, lächelt uns zu;
weltliche Schmerzen, lange beweinet,
fliehen die Herzen, liebend vereinet!

ISABELLA.

Ich fliehe gern die falsche Welt,
da ich sie nicht vernichten kann;
wo uns ein Fluch gefesselt hält,
und Niemand trotzt dem frechen Mann,
daß ungestraft ein solcher Wicht
die Ärmste kränken zu dürfen meint;
er achtet ihrer Schmerzen nicht,
um die ihr Leben sie verweint!

Es wird an der Pforte geläutet.

ISABELLA.
>Man läutet, – keine Pförtnerin?
>Geh' du, – ich öffne selbst!

Mariana entfernt sich, Isabella blickt ihr nach, eilt noch einmal auf sie zu und umarmt sie.

>Du Ärmste!

Dann geht Mariana ganz ab.

ISABELLA *öffnet.*
LUZIO *tritt ein.*
ISABELLA *verhüllt sich.*
>Es ist ein Mann; – verweilt, ich geh',
>die Pförtnerin zu euch zu senden.

LUZIO.
>Nicht doch, du Fromme, sage mir,
>wie sprech' ich wohl,
>wie sprech' ich die Novizenschwester,
>die junge Isabella?

ISABELLA.
>Isabella, sie sucht ihr?
>Nun, ich bin sie selbst, und wer seid ihr,
>mich hier zu suchen?

LUZIO.
>O günst'ger Zufall, – ich bin Luzio,
>und Claudio's, deines Bruders, Freund!

ISABELLA.
>Luzio? Ich hörte oft von euch,
>von eurem leichten, tollen Leben.

LUZIO.
>Desto gewicht'ger bin ich jetzt.
>Isabella, rette deinen Bruder!

ISABELLA.
>Den Bruder, sprich, was ist?

LUZIO.
>Hör' mich!
>Dein Bruder liebte Julia und feuriger –

ISABELLA.
    Ha, Schande ihm! Sag', hat er sie entehrt?
LUZIO.
    O nicht doch!
    Er fühlet Reu und will den Fehl
    gern durch ein ehrend Band verbessern,
    doch kennst du nicht ein neu Gesetz,
    das Friedrich's Thorheit ausersann,
    wonach ein so geringer Fehl
    bestraft wird mit dem Tod.
ISABELLA.
    Mit Tod!
LUZIO.
    Ja, Isabella, Claudio stirbt,
    wenn du nicht selbst zu Friedrich eilst,
    und alle Bitten einer Schwester,
    und alle Thränen auf ihn häufest,
    daß seine Starrheit du bezwingst!
ISABELLA.
    Ha, der Abscheuliche, der Verruchte!
    Gott giebt mir Kraft, ihn zu vernichten!

    Sie hat sich in der Leidenschaft enthüllt.

LUZIO.
    O Himmel, sie ist schön!
ISABELLA.
    Ich folge, noch einmal tret' ich in die Welt!
LUZIO.
    Warum nur einmal, laß das Kloster,
    zu schön bist du, zu warm dein Busen!
ISABELLA.
    Was soll's! Das Kloster laß' ich nie.
LUZIO.
    Du läßt es nie? – Doch nur noch jetzt,
    jetzt, da's des Bruders Rettung gilt!
ISABELLA.
    Des Bruders Rettung! Ja!
    Des theuren Bruders Leben

> sei meinem Schutz vertraut,
> ich muß ihm Rettung geben,
> da fest auf mich er baut!
> Den Heuchler zu bekriegen,
> glüh' ich in Leidenschaft,
> ihn muthig zu besiegen,
> gab Gott mir Recht und Kraft!

LUZIO.
> Wie fühl' ich mich erbeben,
> die holde Himmelsbraut,
> es muß sich ihr ergeben,
> wer ihr in's Auge schaut'!
> Wie kann ich sie besiegen,
> die heiße Leidenschaft;
> ich muß ihr unterliegen,
> mir fehlt's an Muth und Kraft!

LUZIO.
> Ach, Isabella, eile fort,
> und nie betritt mehr diesen Ort!

ISABELLA.
> Was ficht euch an?

LUZIO.
> O höre mich!
> Für diese Welt schuf Gott nicht dich!
> Dieß Feuer spottet deiner Wahl,
> und Thorheit nennt sie dieser Blick!

ISABELLA.
> Ha, wie verwegen!

LUZIO.
> Kehr' zurück! Mich biet' ich dir!
> Sei mein Gemahl!

Er sinkt auf's Knie.

ISABELLA.
> Steh' auf, du Thor, sprich, bist du toll?
> Du wagst's, hier so zu mir zu sprechen!
> Steh' auf; wenn ich dir folgen soll,
> magst du dich nie mehr so erfrechen!

Niemals, nein, nein! Nie mehr!
Nicht ein Wort!
LUZIO.
Ach, ach, ach Isabella!
Ach, Isabella!
Nun denn, du hast mich jetzt besiegt,
befürchte nichts, doch eile fort,
Gott, wenn dein Bruder unterliegt!
ISABELLA.
Den Bruder, ha, ihn zu befrei'n,
reich mir die Hand!
LUZIO.
Hier, sie sei dein!
ISABELLA.
Des theuren Bruders Leben
sei meinem Schutz vertraut,
ich muß ihm Rettung geben,
da fest auf mich er baut!
Den Heuchler zu bekriegen
glüh' ich in Leidenschaft,
ihn muthig zu besiegen
gab Gott mir Recht und Kraft!
LUZIO.
Wie fühl' ich mich erbeben,
die holde Himmelsbraut, –
es muß sich ihr ergeben,
wer ihr in's Auge schaut'!
Wie kann ich sie besiegen,
die heiße Leidenschaft;
ich muß ihr unterliegen,
mir fehlt's an Muth und Kraft!

Sie eilen ab.

Gerichtssaal, mit Tribünen und Gallerien. Brighella mit einer Abtheilung von Sbirren, die er am Eingang an ihren Posten stellt.

BRIGHELLA.
Wie lang er bleibt!

Hat man das Recht, so denkt man auch:
sie können warten!
Das wird ein Tag, ein heißer Tag;
und was dafür der Lohn? Gar keiner!
Ach, könnt' ich nur ein wenig richten, –
könnte ich! –
Was gäb' ich gleich um ein Verhör!
Gäbe ich!
Wie gern thät' ich dann meine Pflichten,
sehr gern, –
und forderte nie Löhnung mehr, –
nie mehr!
Zwar bin ich gut, einmal allein
möcht' ich doch gern barbarisch sein,
recht barbarisch!
Noch kommt er nicht! Was thut es denn?
Für ihn will ich Statthalter sein;
Statthaltert er denn nur allein?

Zu den Sbirren.

Heda, ihr Kerls, bringt sie herein!
Doch Eines nach dem Andern!

Er setzt sich gravitätisch.

Jetzt naht mein schönster Augenblick!

Pontio wird gebracht.

Nur immer näher her, Gesell!
PONTIO.
Schon bin ich nah, ach, wär' ich fern!
BRIGHELLA.
Dein Name, Bursche, nenn' ihn schnell!
PONTIO.
Recht gern! – Glaubt mir, führwahr, recht gern:
Pontio Pilato heiße ich!
BRIGHELLA.
Pontius Pilatus? Fürchterlich!
Der Tod am Kreuze treffe dich!

PONTIO.
> Signor, – ach, ihr verwechselt mich!
> Wenn mich die Eltern so genannt,
> darf euch dieß nicht inkommodiren;
> weil dieser Name so verhaßt,
> so sollt' ich ihn purifiziren!

BRIGHELLA.
> Purifiziren, – durch solchen Wandel,
> durch schnöden Sauf- und Liebeshandel?
> Auf dir ruht gräßlicher Verdacht,
> du schloßest Eh'n für eine Nacht!

PONTIO.
> Ach, glaubt das nicht; für eine Stunde
> und kaum so lang!

BRIGHELLA.
> Nur für 'ne Stunde!
> Pontio, du sprichst dich um den Hals;
> geliefert bist du jedenfalls!
> Ich sprech' dich aller Ehren los,
> und die Verbannung sei dein Loos!

PONTIO.
> Verbannung, aller Ehren los!
> Erlaubt wir, daß ich mich beschwere,
> Signor, was bin ich ohne Ehre?
> Das geht nicht an, nein, das geht nicht an!

BRIGHELLA.
> Verbanne dich! Verbanne dich!

PONTIO.
> Verbannen! Verbannen?
> Das versteh' ich nicht!

BRIGHELLA *zur Wache.*
> Macht's ihm begreiflich', jagt ihn fort!

PONTIO.
> Signor, hört mich!

BRIGHELLA.
> Still! Nicht ein Wort!
> Marsch fort! Marsch fort!
> Hinaus! Hinaus!

PONTIO.
　　Verbannt und ehrlos,
　　ich halt's nicht aus!

　　　　Pontio wird hinausgeworfen.

BRIGHELLA.
　　Ein schweres Amt, ich muß gestehn; –
　　doch – doch Friedrich's Freude will ich seh'n!

　　　　Dorella wird gebracht.

BRIGHELLA.
　　Aha, du bist's! Nur näher 'ran,
　　nur näher, näher komm heran!
DORELLA.
　　Schon gut, Signor! Es ist gethan!
BRIGHELLA.
　　Da Liebe, Carneval und Wein
　　für immer streng verboten sind, –
DORELLA *lachend.*
　　Ha ha ha ha!
BRIGHELLA.
　　Wie konnt' es dir gerathen sein,
　　zu trotzen dem Verbote blind?
DORELLA *lachend.*
　　Ha ha ha ha!
BRIGHELLA.
　　Verführtest du in jenem Haus
　　die Männer nicht zu Saus und Braus?
DORELLA *lachend.*
　　Ha ha ha ha ha ha ha, ha!
BRIGHELLA *auf sie losspringend.*
　　Zum Teufel, was lachst du mich aus?
DORELLA.
　　Signor!
BRIGHELLA *prallt betroffen zurück.*
　　Verdammt, wie wird mir doch!
DORELLA *kokett.*
　　Ha, nur Geduld, ich sag' es dir!

BRIGHELLA.
> Dieses kleine Schelmenauge
> macht mich wahrlich ganz verwirrt,
> jetzt, da ich wohl Fassung brauche,
> weiß ich nicht recht, wie mir wird!

DORELLA.
> Nur ein Blick von meinem Auge
> macht den Narren ganz verwirrt,
> daß bei ihm ich wenig brauche,
> darin hab' ich nicht geirrt!

BRIGHELLA.
> Ah, – ich vergesse das Verbot!
> Fassung, Brighella, oder Tod!

DORELLA.
> Signor Brighella, fahret fort,
> ich bin gespannt auf jedes Wort!

BRIGHELLA.
> Bekenne, ungerath'nes Kind,
> wie viel Unthaten du beging'st?

DORELLA.
> Was das für freche Worte sind!

BRIGHELLA.
> Und jetzt vor Allem sag' mir an,
> ob du noch achtest Zucht und Scham?

DORELLA.
> Wirst du dich ferner untersteh'n,
> unglimpflich mit mir umzugeh'n?
> Du Heuchler, du Narr, du Grobian,
> fängst du aus diesem Tone an!

BRIGHELLA.
> Ist das Benehmen vor Gericht?

DORELLA.
> Was soll's?

BRIGHELLA.
> Nun weiß ich's selber nicht!
> Du liebes Affenangesicht!

DORELLA.
> Nun ist's ganz um ihn geschehen,

wie um seine Richterpflicht;
wie's ihm nun auch mag ergehen,
er denkt nicht mehr an's Gericht!
BRIGHELLA.
Nun ist's ganz um mich geschehen,
dahin ist die Richterpflicht,
denn wer diesen Schalk gesehen,
der denkt nicht mehr an's Gericht!

Brighella nähert sich ihr zärtlich.

BRIGHELLA.
Du hast mich überwunden,
mein Richteramt ist hin.
DORELLA.
Habt ihr nun wohl gefunden,
daß ich unschuldig bin?
BRIGHELLA.
Daß du die Schönste bist,
beschwöre ich als Christ.
DORELLA.
Das freut mich!
BRIGHELLA.
Ach, wie gut!
DORELLA.
Und nun?
BRIGHELLA.
Mir fehlt der Muth!
DORELLA.
Wozu?
BRIGHELLA.
Ich werde toll!
DORELLA.
Warum?
BRIGHELLA.
Ach, ach, – wie schlank, wie voll!
DORELLA.
Nun, nun!

BRIGHELLA.
　　Ich halt' mich nicht!
DORELLA.
　　Zurück, du frecher Bösewicht!
BRIGHELLA.
　　Dorella!
DORELLA.
　　Fort an's Verhör!
BRIGHELLA.
　　So höre!
DORELLA.
　　Kein Wort jetzt mehr!
ANTONIO, PONTIO, ANGELO, DANIELI UND DER CHOR *von Außen vor der großen Mittelthüre; heftiger, wachsender Tumult.*
　　Macht auf, macht auf! Wie lange währt's?
　　So thut doch eure Schuldigkeit,
　　laßt uns nicht länger warten hier,
　　währt es denn eine Ewigkeit?
　　Macht auf, sonst sprengen wir die Thür!
DORELLA.
　　Der Spaß ist neu! Was fängt er an?
　　Wie ist er in Verlegenheit,
　　er weiß nicht Rath und Hülfe hier,
　　dorthin reißt ihn die Schuldigkeit,
　　Verliebtheit zieht ihn her zu mir!
BRIGHELLA.
　　Nun ist's vorbei! Was fang ich an?
　　Giebt es wohl mehr Verlegenheit?
　　Wie schaff' ich Rath und Hülfe mir?
　　Hier Liebesnoth, dort Schuldigkeit!
　　Und das Gesindel vor der Thür!

Brighella füllt diese Scene durch allerhand komische Vertheidigungsmaßregeln aus, indem er sich mit Stühlen und Tischen eine Schanze errichtet, die Sbirren um sich herumpostirt und dergleichen.
Von außen heftige Schläge und Stöße gegen die große Mittelthüre. Die Thür springt, Alles strömt durch sie herein.

ANTONIO, PONTIO, ANGELO, DANIELI, CHOR DES VOLKES
UND DER VERHAFTETEN.
>   Nun, wird es bald? Herbei mit dem,
>   der das Gericht hier halten soll!

DORELLA.
>   Ha, welche Angst! Er wird noch toll!

BRIGHELLA.
>   Ha, welch ein Lärmen, welche Raserei!

Friedrich tritt auf in Begleitung mehrerer hohen Staatsbeamten.

FRIEDRICH.
>   Zur Ordnung! Was muß ich gewahren!
>   Brighella, sprich, was ist geschehen?

BRIGHELLA.
>   Verzeiht, ich wollt' euch Müh' ersparen,
>   ich hielt Gericht, fand Widerstand –

FRIEDRICH.
>   Beachte deine Pflicht, doch weiter
>   sollst du dich niemals wagen! Still!
>   Und ihr gebt Achtung den Gesetzen!

ALLE.
>   Seid ruhig jetzt und habet Acht,
>   denn der hat niemals noch gelacht!

FRIEDRICH.
>   Jetzt zum Gericht, und Niemand störe!

Eine Deputation von jungen Edelleuten tritt hervor, Antonio an ihrer Spitze überreicht Friedrich eine Bittschrift.

ANTONIO.
>   Ich bin beauftragt von dem Volk
>   euch diese Bittschrift vorzulegen;
>   wir bitten, daß der Carneval,
>   den ihr verboten, sei erlaubt.
>   Palermo lebt nicht ohne Freude!

CHOR.
>   Wir stimmen in die Bitte ein,
>   laßt uns die Lust bewilligt sein!
>   Wir bitten, daß der Carneval,

den ihr verboten, sei erlaubt.
Palermo lebt nicht ohne Freude!
FRIEDRICH *zerreißt das Blatt, heftig.*
Das sei die Antwort auf die Bitte!
Verworf'nes Volk! Seid ihr denn ganz
versunken im Pfuhl der Lüste,
im Schlamme der Begierden?
Nur nach Vergnügen, Freude steht eu'r Trachten,
in Rausch und Wollust kennt ihr nur das Leben! –
Mich ekelte das sündenvolle Treiben,
als mich des Königs Huld hieherberufen;
ich gab ihm meinen Abscheu zu erkennen,
er fühlte wahrlich ihn so tief wie ich!
Und da er jetzt Neapel zugeeilt,
ließ er als Stellvertreter mich zurück,
und trug mir den Versuch auf, euch zu bessern!
Ihr kennet das Gesetz, das ich erlassen,
und strenge wach' ich, daß erfüllt es werde!
Ich will ein Damm sein eurer Leidenschaft,
die frevelhafte Gluth will ich euch kühlen,
die wie ein Wind der Wüste euch versengt!
Rein will ich euch dem König übergeben!
ALLE.
Mit welcher Salbung spricht der Mann,
der Teufel hat's ihm angethan!
FRIEDRICH.
Jetzt zum Verhör! Bringt die Verhafteten!

Claudio wird gebracht. Friedrich betrachtet ihn lange mit strengem Blicke.

FRIEDRICH.
Ha, ihr seid Claudio! Ich kenne euch
an diesem Blick, der frech und unverschämt
verspottet das Band der Sittsamkeit!
CLAUDIO.
Mit solcher Härte könntet ihr betrachten so geringen Fehler,
deß' sich die Jugend kaum bewußt ist!

FRIEDRICH.
O, der Verderbtheit; dieser Leichtsinn ist's,
den ich verdamme wie das Laster selbst.
Nicht einen Schritt weich' ich von dem Gesetz!
CLAUDIO.
O, seid ihr klug, weil ich geliebt?
FRIEDRICH.
Schweig! Dich und Julia trifft der Tod!
ALLE.
Der Tod! O Gott, welch hartes Loos!
BRIGHELLA.
Der Tod! Fürwahr, ein schlimmes Loos!

Isabella tritt mit Luzio auf und bricht sich Bahn.

ISABELLA.
Erst noch mich! – Ich bin die Schwester!
DORELLA, ANTONIO, PONTIO, ANGELO, DANIELI, BRIGHELLA UND CHOR.
Ha, seine Schwester, hört sie an!
LUZIO.
Hier seine Schwester, hört sie an!
CLAUDIO.
Du nur allein kannst mich erretten!
LUZIO.
Sie ist der Gott, der dich befreit!
ISABELLA.
Was ich vermag als treue Schwester,
sei deiner Rettung ganz geweih't! –
Ich bitt' euch, Herr, um ein Gehör;
doch laßt die Andern sich entfernen!
FRIEDRICH.
Nichts nützen Weiberthränen mehr.
Doch sei's! – Ihr aber, bleibet hier!
ISABELLA.
Laßt sie entfernen; zu eurem Herzen,
zu eurem Amt nicht will ich sprechen.
FRIEDRICH.
Es geht nicht an!

ISABELLA *voll Spott.*
   Ihr fürchtet euch vor einem Weibe?
FRIEDRICH *aufbrausend, schnell.*
   Entfernet euch!
ALLE.
   Entfernet euch, laßt sie allein;
   Gott möge ihr den Sieg verleih'n!

   Alle gehen ab außer Friedrich und Isabella.

FRIEDRICH.
   Wohlan, so rede! Was hast du zu sagen?
ISABELLA.
   Kennst du das Leid der Elternlosen,
   die um des Bruders Leben fleh't,
   du könntest nie zurück sie stoßen,
   die trostlos dann verlassen steht!
   O, öffne der Schwesterliebe dein Herz,
   Löse durch Gnade meinen Schmerz!
FRIEDRICH.
   Die Schwesterliebe ehre ich,
   doch Gnade hab' ich nicht für dich! –
ISABELLA.
   Du schmähest jene and're Liebe,
   die Gott gesenkt in uns're Brust;
   o, wie so öde das Leben bliebe,
   gab er nicht Liebe und Liebeslust!
   Dem Weib gab Schönheit die Natur,
   dem Manne Kraft, sie zu genießen,
   ein Thor allein, ein Heuchler nur
   sucht sich der Liebe zu verschließen!
   O, öffne der Erdenliebe dein Herz,
   und löse durch Gnade meinen Schmerz!
FRIEDRICH.
   Wie warm ihr Athem, wie beredt' ihr Ton; –
   bin ich ein Mann? Weh' mir, ich wanke schon!
ISABELLA.
   O, war dein Herz denn stets verschlossen,
   drang Liebe nie in deine Brust,

    hat dich ihr Zauber nie umflossen
    mit ihrem Leid und ihrer Lust?
    Wenn je es einem Weib gelungen,
    zu rühren deinen kalten Sinn,
    hat je ein Arm dich fest umschlungen,
    gabst je du dich der Liebe hin,
    o, so öffne dem Flehen jetzt dein Herz,
    löse durch Gnade meinen Schmerz!
FRIEDRICH.
    Aus ihrem Munde dieß zu hören,
    es ist zu viel! Mir wallt das Blut,
    ich bin mir meiner nicht bewußt.
ISABELLA.
    O Gnade, Gnade meinem Bruder!
FRIEDRICH.
    Dahingeschmolzen ist das Eis,
    vor ihrem Athem flieht mein Stolz! –
    Steh' auf, laß mich zu deinen Füßen!
ISABELLA.
    Nicht eher, bis du Gnade spendest!
FRIEDRICH.
    Dein Bruder, er ist frei! Doch du,
    die tausendfache Gluth mir wecktest,
    wie löschest du die Flamme mir?
ISABELLA.
    Ha, was soll das?
FRIEDRICH.
    Du hast in mich
    niemals geahnte Gluth gehaucht;
    die Liebe, die du mir verkündet,
    faß ich mit heißer Gluth zu dir!
    Frei ist dein Bruder, wenn du selbst
    mich lehr'st, wie himmlisch sein Verbrechen!
ISABELLA.
    O Gott, was hör' ich! Ha, so weit
    ging dieses Frechen Heuchelei!
    Was willst du? Nenn' es deutlich mir!

FRIEDRICH.
> Die höchste Liebesgunst von dir,
> und frei, – frei ist dein Bruder Claudio!

ISABELLA.
> Ha, Schändlicher, Abscheulicher! Herbei! Herbei!

Sie schreit' nach den Fenstern und Thüren.

> Herbei, betrog'nes Volk, herbei!
> Sprengt alle Thore, hört mich an!
> Herbei, herbei!
> Ich will den Frechsten aller Heuchler
> vor euren Augen euch entlarven!

FRIEDRICH.
> Weib, bist du rasend.

ISABELLA.
> Du hältst mich nicht!

FRIEDRICH.
> Was willst du?

ISABELLA.
> Herbei, herbei, Palermo's Volk,
> eilt, eilt herbei!

Alle stürzen in Verwirrung zum Saale und auf die Gallerien herein.

ALLE.
> Was ist gescheh'n, was soll das Schrei'n?

ISABELLA.
> Ich nenne einen Heuchler euch!

FRIEDRICH.
> Bedenke, was du thust!

ALLE.
> Wo soll das hin, was ficht sie an?

ISABELLA.
> Ich will enthüllen diesen Gleisnerstolz!

FRIEDRICH.
> Hör' mich!

ALLE.
> Wo führt das hin? Was giebt's?

ISABELLA.
> Erkennen sollt ihr ihn, den frechen Bösewicht!
> Herbei!

ALLE.
> Was ficht sie an, was ist's?
> Sprecht, was geschah?

FRIEDRICH.
> Bedenke, was du thust!
> Hör' mich! Halt ein! Du sprichst umsonst!

Er drückt sie gewaltsam auf die Seite.

> Bedenke wohl, wer ich bin,
> und wie du erscheinst!

ISABELLA.
> Laß' mich, Elender!

FRIEDRICH.
> Hör' mich an!
> Du Thörin, sprich, wer wird dir glauben?
> Den Antrag gebe ich sogleich
> für eine List aus! Deine Tugend,
> ob sie so ächt sei, zu erforschen!

ISABELLA.
> Ha, wie verrucht! Ich straf' dich Lügen!

FRIEDRICH.
> Verkündetest du Härte, Strenge,
> ja sprächest du von Grausamkeit,
> so würde man dir eher glauben.
> Doch sprächest du von Liebe,
> wird man nur lachen.

ISABELLA.
> O Himmel, er besiegt mich!

FRIEDRICH.
> Still, sei denn gescheut, und schweige jetzt,
> zu deinem Unglück sprächst du nur!

Isabella sinkt stumm zusammen. Der Chor und die Übrigen nähern sich ihr theilnahmsvoll.

ALLE.
>Sprich, Isabella, was ist dir?
>Du riefst nach uns und wir sind hier!

>*Isabella weis't sie mit einer stummen Gebärde zurück.*

ALLE.
>Du schweigst! Wie sollen wir das deuten?
>Sie schweigt in stummem Schmerz,
>was hat er ihr vertraut?
>Verwundrung erfüllt mein Herz,
>dem's vor der Lösung graut.

FRIEDRICH.
>Ha wie verklärt der Schmerz
>die schöne Himmelsbraut.
>Vor Wollust erbebt mein Herz,
>da ich sie so geschaut!

BRIGHELLA.
>Es war gewiß kein Scherz,
>was er ihr hat vertraut!

ISABELLA.
>Vor Wuth und Scham glüh'n meine Wangen,
>bin ich so elend, bin ich so schwach!
>O, wie könnt' ich ihn wohl vernichten!
>Enthüllen seine Heuchelei!
>Wenn ich ihn überführen könnte,
>und durch sein eig'nes Gesetz,
>das frech er höhnet, ihn bestrafen?
>Doch sollt' ich selbst das Opfer sein?! –
>O du betrog'ne Mariana!
>Mariana!! Mariana! –

>*Sie springt, von einem plötzlichen Gedanken ergriffen, schnell auf.*

>Mariana; – wie, o Götterlicht!
>Ha, wie begeistert mich die List!
>Statt meiner send' ich ihm sein Weib,
>ich überführ' ihn durch die That,
>und feßle ihn an die Verlaß'ne!

Triumph, Triumph! Du bist gefangen,
ein Weib lockt dich in's eig'ne Netz!
FRIEDRICH.
Nun, Isabella, sprich, wozu
bist du entschlossen? Säume nicht!
ISABELLA.
Du hast mich mächtig überwältigt,
was kann ich thun, ein schwaches Weib!
FRIEDRICH.
Du geh'st zurück, ich dürfte hoffen?
ISABELLA.
Kann ich es ändern, muß ich nicht!
FRIEDRICH.
Du versprichst mir?
ISABELLA.
Ich verspreche!
FRIEDRICH.
Entzücken! Sag mir, wie und wo!
ISABELLA.
Das schreib' ich euch!
FRIEDRICH.
Ha, welche Wollust!
ISABELLA.
Und dann, mein Bruder?
FRIEDRICH.
Dein Billet sei das Patent, das ihn befrei!
ISABELLA.
So bin ich dein!
FRIEDRICH.
Wie faß' ich mich!
ISABELLA.
Ha, welche Lust, er ist gefangen,
gelingen soll die schönste List; –
o, du sollst kühlen dein Verlangen,
bis du mir satt voll Liebe bist!
Du sollst mir zappeln in der Falle
für deine Narrheit, deine Heuchelei!
Ich räche mich und mache alle

aus deinen Narrenketten frei!
FRIEDRICH.
Ha, welche Lust, ich soll's erlangen,
was mir die höchste Wollust ist.
Ich soll es kühlen, mein Verlangen,
genießen, was kein Gott genießt!
Wenn ich zum tiefsten Abgrund falle,
und wenn dieß auch mein Ende sei!
O, ihr Genuß macht mich für alle
die Sünden, die ich kenne, frei!
DORELLA, LUZIO, CLAUDIO, ANTONIO, PONTIO, ANGELO, DANIELI, CHOR.
Es fasset uns Erstaunen alle,
ist es wohl Ernst, ist's Raserei?
Gewiß scheint mir in jedem Falle,
daß hier etwas verborgen sei!
So laßt euch endlich doch erweichen,
macht Ernst, die Sache auszugleichen!
Begnadigt uns und macht uns frei!
BRIGHELLA.
Welch ein Geschrei!
Wollt ihr gleich –
FRIEDRICH.
Wie ich's bestimmt –
BRIGHELLA.
Ach so!
FRIEDRICH.
So bleibt es steh'n.
Ich will nicht vom Gesetze geh'n!
ALLE.
O unbeugsame Grausamkeit!
BRIGHELLA.
Ihr wißt nun wohl, woran ihr seid!
CLAUDIO.
O Schwester, welch ein Ungemach!
LUZIO.
Sprecht, Isabella, was geschah?

CLAUDIO.
    Sprich, gab er deinem Fleh'n nicht nach?
LUZIO.
    Kam't ihr nicht seiner Narrheit nah'?
ISABELLA.
    O seid nur heiter, aufgeräumt!
    Das ist ja Spaß, was ihr hier seh't;
    der drüben ist mein guter Freund,
    ein lust'ger Mann, der's nicht so meint!
LUZIO.
    Jetzt wird sie vollends gar verwirrt!
CLAUDIO.
    Wohin hat sich dein Schmerz verirrt!
ISABELLA.
    So lacht und jubelt doch mit mir!
    Ihr kennt die Sicilianerin!
    Der Narrennebel schwindet bald,
    ich mach' euch frei mit einem Spaß!
ALLE.
    Wo führt das hin? Sie wird verrückt!
FRIEDRICH.
    Isabella, sprich, was fängst du an?
    Was soll ich denken! Bist du toll?
ISABELLA.
    Ihr kennt das nicht! Ich bin ein Weib,
    und freue mich auf morgen Nacht!
FRIEDRICH.
    O Seligkeit! Schon morgen Nacht!
ISABELLA.
    So sei's, ich schick' euch das Billet,
    es sag' euch sicher, wie und wo?
    Stellt euch nur ein!
FRIEDRICH.
    Wie faß' ich mich!
ISABELLA.
    Ha, welche Lust, er ist gefangen,
    gelingen soll die schönste List!
    O, du sollst kühlen dein Verlangen,

bist du mir satt voll Liebe bist!
   Du sollst mir zappeln in der Falle,
   für deine Narrheit, deine Heuchelei!
   Ich räche mich und mache alle
   aus deinen Narrenketten frei!
FRIEDRICH.
   Ha, welche Lust, ich soll's erlangen,
   was mir die höchste Wollust ist,
   ich soll es kühlen, mein Verlangen,
   genießen, was kein Gott genießt!
   Wenn ich zum tiefsten Abgrund falle,
   und wenn dieß auch mein Ende sei,
   o, ihr Genuß macht mich für alle
   die Sünden, die ich kenne, frei!
ALLE.
   Wo soll das hin, sie wird verrückt!
   Sie reißt uns wider Willen alle
   zum Strudel wilder Raserei!
   Ob einer steh', ob einer falle,
   macht euch aus Narrenketten frei!

Zweiter Akt

Gefängniß-Garten.

CLAUDIO *allein.*
    Wo Isabella bleibt; – sie wird das Schicksal,
    das meiner harret, mir verkünden! – Tod?
    O meine Julia, sollt' ich scheiden
    von dir und deinem Schmerz,
    trostlos allein in deinen Leiden
    bräch' auch dir das Herz!
ISABELLA *kommt.*
CLAUDIO.
    Ach, Isabella, theures Leben,
    o rede schnell, was bringst du mir?
ISABELLA.
    Ein schönes Loos bereit' ich dir,
    sei Held und Ritter meiner Ehre!
CLAUDIO.
    Was muß ich hören?
ISABELLA.
    So vernimm!
    Ein Scheusal, ein Tyrann ist der,
    der das Gesetz gab, das dich mordet;
    kein größ'rer Heuchler wird gefunden,
    als Friedrich selbst. Hör', was geschah';
    zu seinen Füßen sah' er mich,
    und faßte frevelhafte Gluth;
    und um den Preis meiner Entehrung
    versprach er Gnad' und Leben dir!
CLAUDIO.
    Ha, niederträchtig, welch ein Schurke!
ISABELLA *bei Seite.*
    So recht, zwar fest steht meine List,
    doch um zu prüfen seine Stärke,
    ob er das Leben auch verdient,
    verschweig' ich ihm, was ich ersonnen!

CLAUDIO.
>   O Isabella, welche Schande!

ISABELLA.
>   Claudio, ertrügest du die Schmach?

CLAUDIO.
>   Um solches Opfer sollt' ich leben!

ISABELLA.
>   Für meine Ehre stirb als Held!

CLAUDIO.
>   Ha, welch ein Muth begeistert mich!

ISABELLA.
>   Es harret dein der schönste Lohn!

CLAUDIO.
>   Ha, welch ein Tod für Lieb' und Ehre,
>   ihm weih' ich meine Jugendkraft,
>   für die erhab'ne Heldenehre
>   glüh' ich in hoher Leidenschaft!
>   Für meines gäbst du gern dein Leben,
>   doch für die Ehre sterbe ich!
>   Ich ende so mein männlich Streben,
>   und hoher Lohn erwartet mich!

ISABELLA.
>   Dem schönen Tod für Lieb' und Ehre,
>   ihm weih't er seine Jugendkraft;
>   für die erhab'ne Heldenehre
>   glüht er in hoher Leidenschaft!
>   Wohlan, so rett' ich gern dein Leben,
>   für deine Freiheit stürbe ich;
>   für dieses männlich schöne Streben
>   erwartet Glück und Freude dich!

CLAUDIO.
>   Ha, welch ein Tod für Lieb' und Ehre,
>   ihm weih' ich meine Jugendkraft,
>   für die erhab'ne Heldenehre
>   glüh' ich in hoher Leidenschaft!
>   Für meines gäst du gern dein Leben,
>   doch für die Ehre sterbe ich;
>   ich ende so mein männlich Streben,

und hoher Lohn erwartet mich!
ISABELLA.
Mein Bruder, nun, so höre mich!
CLAUDIO.
Isabella, ich umarme dich!
Leb' wohl, nimm diesen Abschiedskuß;
so büße ich das schöne Leben,
von dem ich sterbend scheiden muß!
ISABELLA.
Ermanne dich!
CLAUDIO.
Könnt' ich sie seh'n,
eh' mich der düstre Tod umhüllt,
der Tod mit seinem kalten Schauer,
der alle Lust und Freude knickt,
die dieses Leben schön geschmückt!
ISABELLA.
Was ficht dich an?
CLAUDIO.
Weil ich geliebt, –
o, es ist hart, ach Isabella!
ISABELLA.
Bei Gott, was soll's?
CLAUDIO.
Du lebst im Kloster,
und kennst sie nicht, die schöne Welt.
ISABELLA.
Claudio!
CLAUDIO.
O, Schwester, mach' mich frei!
ISABELLA.
Weh' mir, was höre ich! Durch Schande?
CLAUDIO.
Verdammst du mich, weil ich gefehlt?
's ist so gering, des Bruders Leben!
ISABELLA.
Meinst du? Und einer Schwester Ehre?
Ha, feiger, ehrvergeß'ner Wicht,

Elender, und mein Bruder nicht!
CLAUDIO.
O Schwester!
ISABELLA.
Nicht erbarmenswerth;
so hast du Muth und Kraft bewährt!
CLAUDIO.
Hör' mich, 's war nur ein Augenblick!
ISABELLA.
Schwachmüth'ger, weich' von mir zurück!
CLAUDIO.
Sieh' meine Reu'!
ISABELLA.
Ich glaub' ihr nicht!
He, Schließer, eile an dein Amt;
schließ' den Gefang'nen wieder ein!

Pontio als Schließer kommt mit einigen Bütteln herbei.

CLAUDIO.
Was thu'st du?
PONTIO.
Fort, Signor!
CLAUDIO.
Laß' los!
ISABELLA.
Bringt ihn von dannen!
PONTIO.
He, ihr Leute, her, ihr Leute!
CLAUDIO.
O, Schwester, sieh' auf meine Reue!
ISABELLA.
Nicht acht' ich mehr auf deine Reue!
CLAUDIO.
Schon bin ich ja wieder ganz ermannt!
ISABELLA.
Die Feigheit hat dich ganz entmannt!
CLAUDIO.
Daß ich den Tod jetzt nicht mehr scheue –

ISABELLA.
>Los sag' ich mich der Schwester-Treue!
CLAUDIO.
>sag' dir die Gluth, die mir entbrannt!
ISABELLA.
>Ich habe niemals dich gekannt!
CLAUDIO.
>O Schwester, Isabella!

>*Claudio wird in das Gefängniß zurück gebracht.*

ISABELLA *allein, geht mit heftigen Schritten auf und ab.*
>So sei's! Für seinen feigen Wankelmuth
>sei er durch Ungewißheit seines Schicksals,
>das ich so lang ihm berge, streng' bestraft! –
>Doch dir, mein süßer Liebesantipode,
>bereit' ich eine List, sie soll dich fangen,
>für Narrheit und für Bosheit dich bestrafen!
>Der Plan ist gut; ich melde Mariana,
>wie sie den Vogel fängt, der ihr entfloh'n!
>Sie ist sein Weib und sträubt sich lange nicht;
>derweil bestell' ich Friedrich für die Nacht!
>Heut' ist Beginn des Carnevals, den er verbot; –
>so muß er denn verlarvt erscheinen,
>zum zweiten male brechen sein Gesetz!
>Kommt er dann so, so nah't sich Mariana,
>führt ihn statt meiner nach dem Pavillon;
>sie giebt sich dann ihm offen zu erkennen,
>zwingt ihn, den keuschen Mann, zum neuen Bund
>und liefert dann ihn meiner Gnade aus!
>Doch, das Begnadigungspatent des Bruders,
>das ich noch heute Abend soll erwarten,
>wird Claudio vorenthalten, ich fang' es auf,
>und laß' ihn büßen durch die Todesfurcht!
>Triumph! Triumph! Vollendet ist der Plan!
>Ich spiele mit dem Tod wie mit dem Scherz,
>und List und Rache erkämpfen mir den Sieg!

DORELLA *kommt.*

ISABELLA.
> Dorella, sieh', nun, bist du jetzt befreit,
> und steh'st du ganz zu Diensten mir?

DORELLA.
> Gewiß, ein Wort von euch that Wunderkraft;
> ich bin dankbar zu eurem Dienst geweiht.

ISABELLA.
> So nimm! Hier, diesen Brief bestellst du an Mariana,
> und dem Statthalter überbringst du jenen; –
> den Zutritt mußt du finden!

DORELLA.
> Sehr leicht; – der Kauz Brighella ist sterblich in mich verliebt.

ISABELLA.
> Brighella? Herr und Diener? Ha, vortrefflich!
> Sah'st du nicht Luzio?

DORELLA.
> Ich sah' ihn nicht; Gott weiß, wohin er flattert!

ISABELLA.
> Sprich, ist er so flatterhaft, als man ihn immer nennt?

DORELLA.
> Ei, und weit mehr: 's giebt nicht ein einzig Weib hier in Palermo,
> dem er sich nicht nah'te mit seiner kecken Art.
> Mich liebt' er auch.

ISABELLA.
> Was sagst du?

DORELLA.
> O, recht heftig; seine Schwüre, Versprechungen,
> Anträge, Liebkosungen jedoch sind falsch;
> treulos ist er wie keiner!

ISABELLA.
> Ha, ein vortrefflich Bild, ich muß gesteh'n! –
> Wer kommt dort durch die Pforte?

DORELLA.
> Wenn man vom Teufel nur spricht, so ist er da. – 's ist Luzio!

Luzio tritt auf, und nähert sich galant Isabella, ohne Dorella zu bemerken.

LUZIO.
> Wie glücklich, schöne Isabella, bin ich,
> euch endlich hier zu seh'n!

ISABELLA.
> Viel Dank!

DORELLA.
> So seht doch auch Dorella!

LUZIO.
> Du könntest wahrlich wieder geh'n!
> Nach eurem Bruder wollt' ich fragen,
> wie alles abgelaufen sei?

ISABELLA.
> Ich kann das Beste euch nur sagen, –
> noch heute wird er wieder frei!

LUZIO.
> O, so habt Wunder ihr gethan,
> ich bete eure Allmacht an!

DORELLA.
> Das ist zu viel, jetzt wird er fromm,
> und gottlos war er stets bei mir!

LUZIO *mit zunehmender Verwegenheit.*
> Ich weiß nicht, wie ich dazu komm!

DORELLA.
> O nur Geduld, ich sag' es dir! –
> Denkst du noch an die Schwüre, Küsse,
> die Schmeicheleien, die Versprechen?

LUZIO.
> Wenn ich von alledem was wisse!

DORELLA.
> Willst du die Eide alle brechen?

LUZIO.
> Bei Gott, wer mag sich so erfrechen!

ISABELLA.
> Ei, ei! Daß ihr so untreu seid!

LUZIO.
> Ich schwör's bei meiner Seligkeit!

DORELLA.
> Das ist der tausendste der Schwüre!

LUZIO *ausweichend.*
>Daß ich nicht Eins in's Andre führe, –
>wann, denkt ihr wohl, wird Caudio frei?

DORELLA.
>Mein Freund, nein, so geht nicht das Ding,
>und damit nichts gelogen sei, –
>kennst du den Brief, kennst du den Ring?

ISABELLA.
>Ach, welche zarte Liebeszeichen!

LUZIO.
>Nein, das ist Frechheit sondergleichen!

DORELLA.
>Du leugnest es?

LUZIO.
>Ich kenn' dich nicht!

DORELLA.
>Weh mir!

ISABELLA.
>So hört doch nur, was Liebe spricht!
>Das ist nicht schön von euch, Signor,
>daß ihr die Arme so verlaß't;
>es geht aus ihrem Schmerz hervor,
>daß sie euch tief in's Herz gefaßt!

DORELLA.
>Das ist doch wahrlich schlecht, Signor,
>daß ihr mich endlich gar verlaßt;
>aus euren Schwüren ging hervor,
>daß ihr mich mehr in's Herz gefaßt!

LUZIO.
>Jetzt schwirrt mir's wahrlich vor dem Ohr,
>auf dieses war ich nicht gefaßt.
>Es geht aus Allem mir hervor,
>daß man mir völlig aufgepaßt!

ISABELLA.
>Welch ein Verbrecher seid ihr doch,
>daß ihr es wagen konntet,
>mir euer Herz und eure Hand zu bieten,
>da euch schon süße Bande fesseln!

DORELLA.
> Was höre ich?

LUZIO.
> O welcher Spott!

ISABELLA.
> Sollt' ich nicht euch zu Lieb'
> das Kloster für immer lassen?

DORELLA.
> Frevelhaft!

LUZIO.
> Ihr wollt doch nie es mehr betreten!

ISABELLA.
> Gewiß! Ich werde dort sehr viel
> durch strenge Buße sühnen müssen,
> weil ich zuvor gezwungen bin,
> noch eine Sünde zu begeh'n.

LUZIO.
> Noch eine Sünde! Redet, welche?

ISABELLA.
> So wißt!
> Zur Lösung meines Bruders
> verlangte Friedrich das von mir,
> um das er jenen straft!

LUZIO.
> Zum Teufel, 's ist nicht möglich,
> welch ein Heuchler! Und ihr?

ISABELLA.
> Ich muß es ihm gewähren, noch diese Nacht, kein Mittel sonst!

LUZIO.
> Entsetzlich; ha, nimmermehr,
> für eure Ehre sterb' ich gern!

ISABELLA.
> Triumph, wahrhaft ist seine Liebe!

LUZIO.
> Und wenn ich selbst im Kampfe bliebe,
> ich ruf' es durch die Straßen aus,
> ich schrei' es laut von Haus zu Haus,
> wie schändlich Friedrich's Heuchelei,

wie schimpflich seine Tyrannei!
ISABELLA.
Ich habe auch schon d'ran gedacht; –
doch hätte man mich ausgelacht.
Wer glaubt denn wohl an Friedrich's Liebe?
Beruhigt euch, nichts hilft das Toben!
LUZIO.
Ich rase! Ist dies Isabella?
DORELLA.
So seid doch still, was geht's euch an?
LUZIO.
Bei Gott! Was soll ich von euch denken?
DORELLA.
So seid doch still, was geht's euch an?
Ein Kluger thut, als wiß' er nichts!
LUZIO.
Ich werde toll! O, welche Schmach!
ISABELLA.
In dem erhabenen Erglühen
spricht sich die schönste Liebe aus,
erst soll er quälen sich und mühen,
dann lach' ich ihn voll Freude aus!
DORELLA.
Was mögt ihr euch nur so erglühen,
es kommt doch nur ein Spaß heraus;
was wollt ihr denn um sie euch mühen,
sie lacht euch doch bei Zeiten aus!
LUZIO.
Vor Wuth fühl ich mein Herz erglühen,
mir füllt die Adern Angst und Graus;
ich möchte Gift und Flammen sprühen,
und sie lacht mich wohl gar noch aus!

Dorella ist abgeeilt. Luzio wirft sich wie rasend auf eine Bank.

PONTIO *kommt.*
ISABELLA.
Vernimm, mein Freund, um was ich dich jetzt bitte:
Vor heute Nacht wird Friedrich ein Patent,

das meinen Bruder Claudio betrifft,
hieher bestellen; verschweig' es meinem Bruder,
such' mich dann auf dem Corso auf und gieb mir's.
PONTIO.
Verheimlichen? Das geht nicht!
ISABELLA *wirft ihm eine Börse zu.*
Warum nicht, Narr?
PONTIO *steckt die Börse ein.*
O ja, es geht!
ISABELLA.
Nun denn, beacht' es wohl!
Signor, lebt wohl! – Ich seh' euch diese Nacht!

Ab.
Luzio und Pontio.

LUZIO *springt wie besessen auf.* Heut' Nacht! – Ja wohl, heut' Nacht! – 's wird lustig hergehen, ich kann mir's denken! – O Weiber, Weiber! Ich spielte erst mit euch, wie spielt ihr jetzt mit mir! Fluch ihnen!

Er rennt in der Hast Pontio um, der ihm verwundert zugesehen hat.

Was ist das für ein Kerl?
PONTIO *sich aufrichtend.* Seid ihr gescheut? Was ist das für ein Benehmen?
LUZIO. Zum Teufel Pontio?! Wie kommst du hierher, Kerl? Bist du ein Gefangener, oder was sonst?
PONTIO. Weder ein Gefangener, noch ein Sonst. Seht mich recht an, ich bin ein Schließer!
LUZIO. Und dazu nahm man dich, den verworfensten Spitzbuben in ganz Sicilien?
PONTIO. Wahrt eure Zunge! – Sagt, was sollt' ich thun? Alle Wirthschaften sind aufgehoben, Alles wird ordentlich, mein Gewerbe ist dahin! Was sollt' ich anfangen? Man braucht Sbirren, man bietet mir die Aufnahme in ihre noble Gesellschaft an, ich werde sogar Schließer.

Luzio lacht bitter.

Was ist da zu lachen? Ich bin sittsam geworden, ich beschütze die Tugend und wache über alle lüderlichen Leute.
LUZIO. So ist es recht! Lumpengesindel braucht man, um seine heuchlerischen Schurkereien auszuführen! Laßt mich zu Claudio!
PONTIO. Das geht nicht, Signor!
LUZIO. Da werde ich dich fragen! Ich muß ihn sprechen, ich muß ihn beschwören, eher sein Leben als seiner Schwester Ehre zu opfern!
PONTIO. Laßt ihm doch das Leben und ihr die Ehre! Mit einem Wort, es darf Niemand zu ihm!
LUZIO. Der Schurke macht mich verrückt!

Er packt ihn.

Willst du weichen, Halunke, oder ich würge dich!
PONTIO *schreiend.* Zu Hülfe! Zu Hülfe! Herbei! Herbei!

Er kommen mehrere Sbirren.

Arretirt dieses Ungeheuer! Macht euch an ihn, steckt ihn ein! In's Loch! In's Loch!
LUZIO. Die Frechheit dieses Kerles macht mich rasend!

Er prügelt ihn, die Sbirren fallen über Luzio her; er wehrt sich eine Zeit lang, schlägt sich durch, tritt Pontio nieder und entspringt über die Mauer.

PONTIO *indem ihm die Sbirren aufhelfen und ihn forttragen.* Jedes Amt hat seine Mühseligkeiten, das merke ich nun wohl! Ich glaubte jetzt nur Prügel austheilen zu dürfen, – statt dessen bekomme ich sie noch, nach wie vor! – O schlimmes Amt!

Alle ab.

*Ein Zimmer in Friedrich's Palast.
Friedrich allein.*

FRIEDRICH.
So spät, und noch keinen Brief von Isabella?
Verlang' ich nicht darnach, wie nach dem Heil der Seele?
Was hat ein Weib aus dir gemacht!
Armseliger, wohin ist das System,

das du so wohl geordnet, hingeflohen?
Ein Hauch von ihrem warmen Athem nur,
und wie ein frost'ger Wintertraum zerflossen!
O, nicht zum Sklaven blos macht mich die Liebe,
der Pflicht und Ehre zu vergessen
zwingt mich ihre rächende Gewalt!
Ich liebte nie, – das lernte Mariana,
die ich einst treulos, kalt verließ!
Doch als mir Isabella die Erdenliebe erschloß,
da schmolz das Eis in tausend Liebesthränen!
Ja, glühend, wie des Südens Hauch
brennt mir die Flamme in der Brust;
verzehrt mich auch die wilde Gluth,
genieß' ich doch die heiße Lust!

Brighella kommt und führt Dorella herein, welche Friedrich ein Billet überreicht. Beide bleiben an der Thüre stehen.

FRIEDRICH.
Von Isabella, diese Nacht, – am Ausgang
des Corso; – wie? Verlarvt?
Sie sagt mir's zu!
O Wonne, himmlisches Entzücken,
noch heute wird die Schönste mein!
Sie will den Glühendsten beglücken,
mir Sel'gem ihre Liebe weih'n!
Mich zu verlarven? Darf ich's wagen,
verbot ich nicht das Maskenfest?
Sollt' ich zum zweiten Male fehlen?
Und doch, ist's nicht das sicherste?
Erwartet mich nicht das Entzücken,
wird nicht die Schönste heute mein?
Darf ich noch eine Sünde scheu'n!
Doch laß' ich wirklich Claudio frei?
Darf das Gesetz wohl unterliegen
der Leidenschaft, die mich durchtobt?
Eh'r bring' ich selbst mich dem Gesetz
als Opfer dar, eh'r sterb' ich selbst!

Er unterzeichnet ein Urtheil und überreicht dies Brighella.

Claudio, du stirbst, – ich folg dir nach!
O, wie verschling' ich die Gedanken,
die wie Dämonen mich durchzucken.
Im Fieber wallet mir das Blut,
ich bin mir meiner nicht bewußt! –
Wie trag' ich Qualen und Entzücken,
es harret Tod und Wollust mein;
ich will sie an den Busen drücken,
ich will ihr Gott und Hölle weih'n!

Ab.
Brighella und Dorella sind geblieben.

DORELLA. Lebt wohl, Signor Brighella, – die Heiligen mögen euch beschützen!

BRIGHELLA *hält sie.* Bleib nur noch einen Augenblick!

DORELLA. Laßt mich!

BRIGHELLA. Nein, länger halte ich mich nicht. Mag mich der Statthalter morgen hängen lassen, – der Teufel hole seine Liebesverbote! – Ich bin in dich verliebt wie rasend und habe schon meinen ganzen Verstand darüber verloren!

DORELLA. Ach, das wär schade! – Du liebst mich?

BRIGHELLA. Bis zum Wahnsinn! – Kann ich dich nirgends treffen?

DORELLA. So? gleich ein Rendezvous? – Nun gut, so komm heute Abend auf den Ausgang des Corso! –

BRIGHELLA. Verdammt! Dort ist's gewöhnlich sehr belebt!

DORELLA. Hilft nichts! Du mußt dich maskiren; auch ich erschein' maskirt.

BRIGHELLA. Ach, das bricht mir ja den Hals! Der Carneval ist streng verboten, – das darf ich nicht wagen!

DORELLA. So sei kein Narr, – wir werden nicht die einzigen sein; noch ganz andere Leute, als wir zwei, werden sich verlarven.

BRIGHELLA. Ich thu es nicht!

DORELLA. So geh', wohin du willst! – Addio! –

BRIGHELLA. Ja, ja, ich will mich verlarven, maskiren von oben bis unten! – Ihr Heiligen, was macht so ein Schelm nicht alles aus mir!

DORELLA. Ich komme als Colombine, – und, daß ich dich erkenne, kommst du als Pierrot!

BRIGHELLA. Weh' mir, als Pierrot!

DORELLA. Nun genug, – leb' wohl! Heut' Nacht – leb' wohl, mein süßer Pierrot!

Sie giebt ihm einen flüchtigen Kuß und eilt davon.

BRIGHELLA *sieht ihr erstaunt nach.* Und das war nur ein Kuß! Ein Kuß! und den will mir der Statthalter verbieten? Den Teufel in sein Liebesverbot! Kann er's aushalten, so ist er Deutscher! Ich bin Sicilianer, und zwar von erstaunlich guter Geburt! – – Aber warum ich mich nur maskiren soll? – Ob das meinen Reiz erhöhen soll? – Ihr Heiligen, wenn man mich erwischt, wie würde mir die Liebe bekommen!

Geht ab.

Der Ausgang des Corso; im Vordergrunde Lusthäuser mit parkähnlichen Anlagen; ein Zelt mit Erfrischungen des Danieli. Man sieht nach hinten in den Corso hinab. Angelo, Antonio, Danieli in seinem Zelte, Volk, junge Männer und Frauen, alle meistens halb oder ganz maskirt, italienische Charaktermasken u.s.w. Alles wogt bunt durcheinander. Es ist Abend.

ANTONIO.
So recht, ihr wackern, jungen Leute!
Einmüthig haben wir beschlossen,
dem albernen Verbot zum Trotz
den Carneval froh zu begeh'n.

CHOR.
Bereit sind wir zum Feste schon,
wir ordnen bald die Prozession!

ANGELO.
Palermo's Frauen sind bereit,
sie theilen jede Lustbarkeit!

DANIELI.
Ihr buntes Volk, macht euch heran!
Hört mich, und was ich sage, an!

Alles zieht sich nach seinem Zelte.

Ich biet' euch meinen ganzen Rest,
den ganzen Keller voll von Wein!
Laßt seh'n, wer uns verhindern läßt,
am Carneval vergnügt zu sein!
ANGELO.
Das läßt sich hören!
ANTONIO.
Kommt heran,
ein lustig Vorfest halten wir!
ANGELO.
Dann zieh'n wir nach dem Corso hin!
DANIELI.
Willkommen ganz Palermo hier!

Danieli theilt Wein und Erfrischungen aus. Man trinkt und jubelt.

ANTONIO, ANGELO, DANIELI, CHOR.
So jubelt in das Fest hinein,
zur Lust begeist're uns der Wein,
wenn jauchzend ganz Italien bebt,
sei auch Sicilien neubelebt!
LUZIO *kommt.*
Ihr munt'res Volk, wer seid ihr all?
ANTONIO.
Ha, Luzio!
ANGELO.
Sei gegrüßt!
ANTONIO, ANGELO, DANIELI, CHOR.
Willkommen!
LUZIO.
So treff' ich euch? Macht euch bereit,
so toll und wild den Carneval
zu end'gen, wie's noch nie geschah!
Ihr schönen Frauen, seid willkommen!
Ich sing' euch jetzt ein Carnevalslied,
es ist das tollste aller Lieder!
ANTONIO, ANGELO, DANIELI, CHOR.
Es sieht dir gleich! So sing'! So sing'!

Während des Vorspiels und der Nachspiele wird ein feuriger sicilianischer Charaktertanz ausgeführt.

1.

LUZIO.
> Ihr junges Volk, macht euch heran,
> tralalalalala!
> Die Alltagskleider abgethan,
> tralalalalala!
> Die Larven vor, die Jacken an!
> La!
> Die bunten Wämser angethan!
> La!
> Heut' ist Beginn des Carnevals,
> Da wird man seiner sich bewußt!
> Tralalala, herbei, herbei!
> Ihr Leute all, tralalala!
> Jetzt giebt es Spaß, jetzt giebt es Lust!

ANTONIO, ANGELO, DANIELI, CHOR.
> Tralalala, herbei, herbei!
> Ihr Leute all, tralalala!
> Jetzt giebt es Spaß, jetzt giebt es Lust!

2.

LUZIO.
> Jetzt giebt's nicht Weib, noch Ehemann,
> tralalalalala!
> Es giebt nicht Vater und nicht Sohn,
> tralalalalala!
> Und wer das Glück ergreifen kann,
> la!
> Der trägt es im Triumph davon!
> La!
> Das ist das Recht im Carneval,
> dabei wird man sich sein bewußt!
> Tralalala, herbei, herbei!
> Ihr Leute all, tralalala!
> Jetzt giebt es Spaß, jetzt giebt es Lust!

ANTONIO, ANGELO, DANIELI, CHOR.
>Tralalala, herbei, herbei!
>Ihr Leute all, tralalala!
>Jetzt giebt es Spaß, jetzt giebt es Lust!

3.

LUZIO.
>In Jubelrausch und Hochgenuß,
>tralalalalala!
>Ertränkt die goldne Freudenzeit,
>tralalalalala!
>Zum Teufel fahre der Verdruß,
>la!
>Und hin zur Hölle Traurigkeit,
>la!
>Wer sich nicht freut im Carneval,
>dem stoßt das Messer in die Brust!
>Tralalala, herbei, herbei!
>Ihr Leute all', tralalala!
>Es war zum Spaß, es war zur Lust!

ANTONIO, ANGELO, DANIELI, CHOR.
>Tralalala, herbei, herbei!
>Ihr Leute all', tralalala!
>Es war zum Spaß, es war zur Lust!

Der Tanz ist nach jedem Verse immer feuriger und wilder geworden.
Brighella kommt mit einer Schaar von Sbirren.

BRIGHELLA.
>Halt! Auseinander! Welch ein Lärmen,
>welch ein gottvergeß'nes Schwärmen!

ANTONIO.
>Der kommt uns eben recht!

ANGELO.
>D'rauf los!

BRIGHELLA.
>Weg mit den Larven!

ANTONIO.
> Stoßt ihn nieder!

BRIGHELLA.
> Wißt ihr nicht, daß verboten ist
> der ganze Plundercarneval!

ANGELO.
> Hört ihn nicht an!

ANTONIO.
> Auf, werft sie nieder!

ANGELO, DANIELI, CHOR.
> Ganz recht, das soll der Anfang sein!

LUZIO.
> Hört mich, ihr Freunde! Jetzt noch nicht!
> Gebt ihnen vor der Hand noch nach!
> Nehmt eure Larven ab. Vermeidet
> noch jetzt den Streit mit jenen Schurken!
> Macht euch auf Ärgeres gefaßt!
> Verderbt mir nichts, – geht auseinander!

BRIGHELLA.
> O liebenswürd'ger junger Mann!

ANTONIO.
> Was soll's? Wir waren schon im Zug!

ANGELO.
> Was hast du vor?

ANTONIO, DANIELI, CHOR.
> Sagt', was geschieht?

LUZIO.
> Vertheilt euch jetzt in jene Straßen!
> Entlarvt euch, Freunde, und seid ruhig, –
> rechtfert'gen will ich sicher mich!

BRIGHELLA.
> Für dies Verdienst wird dir ein Orden!

ANTONIO, ANGELO, DANIELI, CHOR.
> Er hat ganz sicher seinen Grund;
> zerstreut euch, doch nicht gar zu weit!

Alle zerstreuen sich nach verschiedenen Seiten. Die Sbirren, in einzelne Patrouillen vertheilt, folgen ihnen.
Brighella allein bleibt zurück, blickt nach allen Seiten, ob er allein sei. Er legt seinen langen Mantel und großen [Degen] ab, versteckt beides in das Gebüsch und zeigt sich so in der Maske des Pierrot, der er noch die weiße Gesichtslarve zufügt. Er sucht ängstlich nach Dorella. Er glaubt sie in der Ferne zu sehen und läuft ängstlich davon.

Isabella und Mariana treten auf, beide in einer ganz gleichen, reizenden Maske.

ISABELLA.
    Verweile hier, hier muß er kommen!
MARIANA.
    Wie glüht' die Wange mir vor Scham!
ISABELLA.
    Doch Keckheit wird allein uns frommen.
MARIANA.
    Ich weiß nicht, wie ich dazu komm'!
ISABELLA.
    Wohlan! Ich grüße dich als Braut,
    den Flitterwochen bist du nah'.
MARIANA.
    Wie mir vor solcher Ehe graut!
    O, wär' doch schon das Ende da!
ISABELLA.
    O, nur Geduld! So hitzig nicht!
    Für dich leist' ich darauf Verzicht!
    Mein süßes Bräutchen, lebe wohl!
MARIANA.
    Novizenschwester, lebe wohl!

Isabella entfernt sich.

MARIANA.
    Welch wunderbar' Erwarten,
    Gefühl voll Lust und Schmerz,
    ich zieh' für eine And're
    den Gatten an mein Herz.

Und doch winkt mir von ferne
nach langem Gram ein Glück; –
o bringt ihn, güt'ge Sterne,
voll Reue mir zurück!

Sie verliert sich in einem der Laubgänge.
Friedrich kommt maskirt. Luzio schleicht ihm nach.

FRIEDRICH.
Hier soll sie sein; – wo mag sie weilen?
LUZIO.
Er ist's, ich habe ihn erkannt!
FRIEDRICH.
Wer ist der Mensch, der mich verfolgt?

Luzio tritt unbefangen auf ihn zu.

LUZIO.
Ganz recht! Dort ist noch eine Maske!
He, Freund, kommt mit zur Prozession!
FRIEDRICH.
Zu einer Narrenprozession?
LUZIO.
Wie so? Ich denk', ihr seid ein Kluger,
und feiert unsern Carneval.
FRIEDRICH.
Ich euren Carneval!
LUZIO.
Was soll ich denken! Ihr seid doch verlarvt?
FRIEDRICH.
Verdammt! – Nun ja, – ich komme denn!
LUZIO.
So recht, lacht jenen Thoren aus,
tralalalalala!
FRIEDRICH.
Ich lach' ihn aus!
LUZIO.
Der diese Lustbarkeit verbot,
tralalalalala!

FRIEDRICH.
    Ha ha ha ha!
LUZIO.
    Ihr seid gescheut,
    und macht die bunten Scherze mit.
FRIEDRICH.
    Das thu' ich!
LUZIO.
    Friedrich ist ein Narr!
    Glaubt mir, er denkt nicht, wie er handelt.
FRIEDRICH.
    Kann sein!
LUZIO.
    Nein, nein! Nicht doch! er handelt
    nicht, wie er denkt!
FRIEDRICH.
    Auch dieß! Zum Teufel!
LUZIO.
    Er ist ein Heuchler und ein Schuft!
    Nicht wahr?
FRIEDRICH.
    Ja wohl! Doch bitt' ich euch:
    laßt mich, ich bin nicht aufgelegt,
    ich komme später nach dem Corso.
LUZIO.
    Nun gut. Ich nehme euch beim Wort.
    Ihr führt den Maskenzug mit an!

Luzio stellt sich, als ob er sich entferne.

FRIEDRICH.
    Schon gut, bis dahin laß' mich geh'n! –
    Ich bin den läst'gen Schwätzer los!
    Wo bleibst du, Isabella?

Mariana zeigt sich in der Ferne.

FRIEDRICH.
    Ha, wer kommt dort? 's ist ein Weib! Ist sie's?

Mariana giebt ihm ein Zeichen.

FRIEDRICH.
   Das ist das Zeichen! – Welche Wonne!
   Du bist es, himmlisches Geschöpf!

Er eilt mit Mariana ab.

LUZIO *hervorbrechend.*
   Zum Teufel, ja sie war's! Frisch nach!
   Ich will die Freude euch gesegnen!

Er eilt Friedrich nach.
Dorella als Colombine tritt Luzio in den Weg, hängt sich an seinen Hals und sucht fortwährend durch Liebkosungen aller Art den Widerstrebenden zurückzuhalten.

DORELLA.
   Wohin so eilig?
LUZIO.
   Aus dem Weg!
DORELLA.
   Jetzt kommst du mir nicht mehr hinweg;
   erst mußt du büßen für die Schuld,
   daß du verachtet meine Huld.

Isabella kommt von der andern Seite und beobachtet in einem Versteck Luzio und Dorella.

LUZIO.
   Sie ist verrückt, was fang' ich an,
   Wer hat's dir Närrin angethan?
ISABELLA.
   So recht, sie muß zurück ihn halten!
   Sonst ging' es an ein Schädelspalten!

Brighella erblickt, auf der andern Seite im Gebüsch verborgen, Luzio und Dorella.

BRIGHELLA.
   Zum Teufel, so erwisch' ich sie!
   Wie schlottern mir vor Wuth die Knie!

DORELLA.
> Ist das der Lohn, ist das die Treue?

LUZIO.
> Jetzt laß' mich los, sonst steht es schlimm!

DORELLA.
> Fühlst du noch immer keine Reue?

LUZIO.
> Ich schäume bald vor Wuth und Grimm!

ISABELLA.
> Mich dünkt, ihm ist nicht wohl dabei!

DORELLA.
> Ist das der Lohn, ist das die Reue?

BRIGHELLA.
> Mein Haar sträubt sich vor Angst und Graus!

ISABELLA.
> Dorella ist auch gar zu frei!

BRIGHELLA.
> Ach, das hält nur der Teufel aus!

ISABELLA.
> Die Schelmin läßt ihn nicht mehr los!
> Sie treibt ihn bis zur Raserei!
> Sein Ärger ist jetzt wahrlich groß!
> Und dieser ist nicht Heuchelei!

DORELLA.
> Ich laß' dich Schelmen nicht mehr los!
> So bald kommst du nicht wieder frei!
> Du steh'st jetzt meiner Rache blos,
> Nichts hilft dir deine Raserei!

LUZIO.
> Wie komm' ich von der Närrin los,
> sie bringt mich bis zur Raserei!
> Von diesem lästigen Gekos',
> wer macht mich armen Sünder frei?

BRIGHELLA.
> Die Schändliche läßt gar nicht los,
> sie bringt mich bis zur Raserei!
> Die Wuth in mir ist wahrlich groß,
> O, der verruchten Heuchelei!

LUZIO.
>Dorella, Einz'ge, höre mich:
Untreu war ich zum Scheine blos,
ich blieb dir treu, ich liebe dich,
ich küße dich! *er küßt sie.* Jetzt laß' mich los?

Er macht sich schnell los, läuft aber in der Verwirrung nach der Seite ab, die der entgegengesetzt ist, auf welcher Friedrich und Mariana verschwanden.

ISABELLA *tritt heftig hervor.*
>Ha, was war das, was mußt' ich hören!

BRIGHELLA *springt wie ein Wahnsinniger auf Dorella los.*
>Das ist zu viel! Du Ungeheuer!
Verworf'nes, böses Katzenherz!

DORELLA.
>Hilf Gott! Ein Scheusal! Ein Gespenst!

>>*Sie läuft entsetzt davon.*

PONTIO *tritt auf.*
>Signora Isabella, he!
Hier das Patent! 's ist unterschlagen,
ich hab's für euch gestohlen!

ISABELLA.
>Hab' Dank! Es ist noch nicht erbrochen?
Bald, Claudio, end' ich deine Zweifel!

BRIGHELLA.
>Wie komm' ich fort! Ich muß ihr nach,
und Friedrich soll ich hier bewachen!
He, Pontio!

PONTIO *entsetzt über Brighella's Anblick.*
>Herr! – Wie siehst du aus!

BRIGHELLA.
>Ich bitte dich um alle Welt,
ich muß davon, bleib hier für mich!
Steh' Wache hier am Pavillon,

>>*In zunehmender Verwirrung.*

> laß' Niemand zu, laß' Niemand aus!
> Nicht doch! Ja, ja! Nein, nein! Zum Teufel!
> Fang' ihn gleich auf, den Lumpenkerl!
> Bewache ihn! 'ne Maske!

PONTIO.
> Das verstehe, wer da will!

BRIGHELLA.
> So bleib! Ich geb' dir meine halbe Löhnung!
> Dorthin! In's Teufels Namen! Ach! –

Läuft wie besessen davon.

PONTIO.
> Ist der verrückt? Die halbe Löhnung!
> Ich weiß zwar nicht recht, was ich soll,
> die Löhnung aber thut mir gut!
> »Die Wache hier am Pavillon!
> Laß' Niemand zu, laß' Niemand aus!
> Nicht doch! Ja, ja! Nein, nein! Zum Teufel!
> Fang' ihn gleich auf, den Lumpenkerl!
> Bewache ihn! 'ne Maske!« Gut!
> Die Sache ist mir klar, –
> ich weiß, woran ich bin!

ISABELLA *das Schreiben erbrechend.*
> Laßt sehn', –

PONTIO.
> »Ein Lump!«

ISABELLA.
> Wie schreibt der gnäd'ge Herr?

PONTIO.
> »'ne Maske!« »Ein Lump!« »'ne Maske!«

Pontio stellt sich im Hintergrund an einem Pavillon als Wache auf.

ISABELLA *ist an eine Fackel getreten und liest das Schreiben.*
> Ihr Heil'gen, welche Schändlichkeit!
> Nicht die Begnadigung,
> geschärft zum augenblicklichen Vollzug ist der Befehl!
> Durch welchen Zufall hab' ich, mein Claudio, dich gerettet!

Ha Rache, Rache dem Verruchten!
Herbei! Herbei! Ihr Leute!
Volk Palermo's, tiefgekränktes Volk!
Eilt her! Zur Rache! Zur Empörung!
Hört meinen Schrei! Herbei! Herbei!

ANTONIO, ANGELO, DANIELI, CHOR *alles stürzt in Verwirrung auf die Scene.*

ALLE.
Wer schreit! Was ist gescheh'n?

ISABELLA.
Entsetzlich! Schrecklich! Hört mich, Freunde!

ALLE.
Was soll's? Was ist gescheh'n?
Was ist dir widerfahren, sprich!

ISABELLA.
Greift zu den Waffen! Auf, zur Rache!
Stürzt ihn, den schändlichen Tyrannen!

Luzio kommt.

Auf, Luzio! Komm' und räche mich!

ALLE.
Was ist ihr?

LUZIO *sie von sich stoßend.*
Laßt die Heuchlerin! Laßt sie nur rasen!

ALLE.
Was sagst du?

LUZIO.
Es ist Lüge!

ISABELLA.
Luzio, höret mich,
wie jämmerlich sind wir betrogen!

LUZIO.
Entehrtes Weib, was soll dein Schrei'n?

ALLE.
Was soll man denken, sprecht heraus!

ISABELLA.
Hört nicht auf ihn, hört mich allein!
Hört ihr umsonst der Rache Schrei'n?

LUZIO.
> Hört nicht auf sie, hört mich allein!
> Sie kennt ja nur Betrügerei'n!

ALLE.
> Wem soll man trau'n von diesen zwei'n!
> Warum mag sie um Rache schrei'n?

Pontio hat im Hintergrunde den verlarvten Friedrich und Mariana ergriffen; der Chor theilt sich in der Mitte, man sieht Pontio sich mit Friedrich nach dem Vordergrunde zu ringen.

PONTIO.
> Halt! – Halt, er ist erwischt, gefangen!
> Ein Weibsbild! Eine Maske! Halt! Halt! Halt!

ALLE.
> Was ist gescheh'n? Was soll das Schrei'n?

PONTIO.
> Halt! Nur vor! Nur vor!

ALLE.
> Ha, was ist das?

LUZIO.
> Reißt ihm die Maske ab!

ANTONIO.
> Laßt seh'n!

Man reißt Friedrich die Maske ab.

ALLE.
> Ha! Friedrich ist's! Was soll man denken,
> er ist verlarvt, brach sein Gesetz!
> Wer ist das Weib? Entlarvt auch sie!

MARIANA *entlarvt sich.*
> Mariana bin ich, bin sein Weib!

FRIEDRICH.
> Mariana!

LUZIO.
> Himmel! Mariana!

ALLE.
> Ha, das ist sein Verbot der Liebe,
> darum bestraft er Claudio!

    Frisch auf; reißt seine Häuser ein!
    Verbrennt zu Asche die Gesetze!
    Frisch auf! Frisch auf! Frisch auf! Nur fort!
ISABELLA.
    Hört mich! Ihr sollt ihn ganz erkennen!
    Begnad'gen wollt er meinen Bruder
    nur um den Preis meiner Entehrung!
ALLE.
    Ist's möglich!
ISABELLA.
    List gebraucht' ich nun,
    und sandt' ihm heute Mariana,
    die heimlich ihm vermählt, und die
    er schändlich, treulos einst verlassen.
    Doch er, o seht, wie schlecht er ist,
    er schickt statt der Begnadigung,
    Befehl zur schnellen Hinrichtung!
ALLE.
    Ha, Bösewicht!
FRIEDRICH.
    So richtet mich nach meinem eigenen Gesetz!
ALLE.
    Nein, das Gesetz ist aufgehoben!
    Wir wollen gnäd'ger sein als du!
ANGELO.
    Kommt, die Gefang'nen zu befrei'n; –
    holt Claudio im Triumph hieher!

Ab mit einem Theile des Chores.
Mehrere Sbirren bringen den entlarvten Brighella und Dorella.

ALLE.
    Ha, seht doch nur den Sbirrenchef!
DANIELI.
    Er ist maskirt, bei ihm ein Weib!
ALLE.
    Signor Brighella! Ha ha ha!
    Welch ein verliebter Pierrot!

Angelo und mehrere junge Leute kommen zurück, sie tragen Claudio auf ihren Schultern.

ANGELO.
 Triumph! Er ist befrei't!
CLAUDIO.
 Habt Dank! O, meine Schwester!
ALLE.
 So ist es recht,
 die Narrheit ist zu Ende jetzt!
LUZIO.
 O herrlich Weib, wie täuschtest du mich Armen!
 Wie verkannt ich dich!
ISABELLA.
 Laßt mich! Ich muß in's Kloster geh'n!
LUZIO, CLAUDIO UND CHOR.
 In's Kloster? Du in's Kloster?
ISABELLA.
 Ja! Für eine Sünde muß ich büßen,
 daß ich von Anfang dich geliebt!
 Dorella, lässest du ihn mir?
DORELLA.
 Ich muß, Brighella will es so!
ISABELLA.
 Du wilder Mann, so nimm mich hin!
DORELLA, LUZIO, CLAUDIO UND ALLE.
 Reißt alle Trauerhäuser ein!
 Für Lust und Freude lebt allein!
ANGELO.
 Hört mich, der König ist gelandet,
 noch heute Nacht kehrt er zurück!
ALLE.
 Der König soll willkommen sein,
 in Freud' und Jubel zieh' er ein!
LUZIO.
 Zieht ihm im Maskenzug entgegen!
 Signor Statthalter, führt ihn an!
 Ihn freuen bunte Scherze mehr,

als eure traurigen Gesetze!
CHOR.
> Herbei, herbei, ihr Masken all,
> gejubelt sei aus voller Brust;
> wir halten dreifach Carneval,
> und niemals ende seine Lust!

Man ordnet den Festzug nach den Gebräuchlichkeiten der Prozession zur Eröffnung des Carnevals. Voran das Musikcorps. Friedrich und Mariana eröffnen den Zug. Masken aller Art und von allen Charakteren folgen. Man zieht über den Vordergrund den Corso hinab. Kanonenschüsse und Glockengeläute verkünden die Ankunft des Königs. Der Zug kommt von Corso zurück mit dem König und seinem Gefolge an der Spitze. Zum Schlusse eine Gewehrsalve.

Biographie

1813 *22. Mai:* Richard Wagner wird in Leipzig geboren. Er ist das neunte Kind des Polizeibeamten Karl Friedrich Wagner, welcher im November desselben Jahres verstirbt, und dessen Frau Johanna Rosine.

1814 Wagners Mutter heiratet den Maler und Schauspieler Ludwig Geyer und zieht mit der Familie nach Dresden um.

1821 Geyer, Wagners Stiefvater, stirbt.
Der Verlust der Vaterfiguren sollte später zu einem Leitmotiv in Wagners Werken werden.

1828 Wagner besucht das Nikolai-Gymnasium in Leipzig.
1830 geht er auf die Thomas-Schule.

1830 Seine »Ouvertüre in B-Dur« wird in Leipzig uraufgeführt.

1831 Er beginnt ein Musik-Studium an der Leipziger Universität, ab Herbst ist er Schüler des Thomaskantors Theodor Weinling.

1833 Wagner wird von seinem Bruder Albert Wagner als Chordirektor nach Würzburg geholt. Dort beginnt er bald mit der Arbeit an seiner ersten Oper, »Die Feen«, welche posthum 1888 in München uraufgeführt wird.

1834 Er wird Musikdirektor der »Magdeburger Theatergruppe Bethmann« in Lauchstädt.

1834 Wagner ist bis 1836 Musikdirektor in Magdeburg. In dieser Zeit wird die Oper »Das Liebesverbot« uraufgeführt.

1836 Wagner zieht nach Königsberg um, weil Minna Planer, die er in Magdeburg kennengelernt hat, dort engagiert ist.
24. November: Wagner heiratet die Schauspielerin Minna Planer.

1837 Nach einem kurzen Zwischenspiel als Musikdirektor in Königsberg nimmt er die Stelle des Musikdirektors in Riga an.

1839 Wagner hat Schulden gemacht und muß nun zusammen mit seiner Frau vor seinen Gläubigern aus Riga flüchten; diese Flucht führt ihn über Norwegen und London nach Paris, wo er die nächsten, für ihn entbehrungsreichen, drei Jahre verbringen und u.a. Giacomo Meyerbeer und Heinrich Heine kennenlernen wird.

1840 Die Novelle »Eine Pilgerfahrt zu Beethoven« wird veröffentlicht und Wagner schließt die Komposition »Rienzi« ab.
1842 Wagner kehrt nach Deutschland zurück.
20. Oktober: In Dresden wird »Rienzi« uraufgeführt. Die Oper wird als Meilenstein gefeiert.
1843 Der »Fliegende Holländer« wird mit Wagner als Dirigent uraufgeführt, verarbeitet wird hier u.a. Wagners Flucht von 1839, das Stück hatte er bereits in Paris fertiggestellt. Das Publikum reagiert verhalten.
2. Februar: Wagner wird zum Königlich Sächsischen Hofkapellmeister ernannt.
Während seiner Reisen und der Arbeiten an seinen Entwürfen beschäftigt sich Wagner mit alter deutscher Literatur und germanischer Mythologie.
1845 *19. Oktober:* Der »Tannhäuser« wird uraufgeführt. Auch dieses Stück findet eher gemäßigte Aufnahme.
1848 »Wie verhalten sich republikanische Bestrebungen dem Königtum gegenüber?«: Wagner verliest diese selbstgeschriebene Abhandlung im Dresdner Vaterlandsverein.
1849 Wagner lernt den Anarchisten Bakunin kennen und beteiligt sich in Dresden am Mai-Aufstand gegen die sächsischen und preussischen Truppen, Folge: ab dem 16. Mai wird er steckbrieflich gesucht. Ende Mai flieht er deswegen mit Hilfe von Franz Liszt nach Zürich. Bis 1858 wird er in seinem Schweizer Exil bleiben.
Seine programmatische Schrift »Das Kunstwerk der Zukunft« erscheint in Leipzig.
1850 Der »Lohengrin« wird in Weimar uraufgeführt.
Das Pamphlet »Judentum in der Musik« erscheint.
1851 »Eine Mittheilung an meine Freunde«, eine weitere programmatische Schrift, erscheint.
1852 Die Schrift »Oper und Drama« erscheint in drei Bänden.
Wagner lernt Mathilde und Otto Wesendonck in Zürich kennen. Seine komplizierte Beziehung zu Mathilde sollte Einfluss auf den »Tristan« haben.
1853 Wagner lernt die 18jährige Cosima von Bülow, geb. Liszt, in Paris kennen.
1854 Studium von Schopenhauers Hauptwerk »Die Welt als Wille

und Vorstellung«.
- **1855** Wagner geht für acht Konzerte als Dirigent nach London.
- **1857** Das Ehepaar Wesendonck richtet bei Zürich ein »Asyl« ein, in das Wagner für kurze Zeit einzieht.
- **1858** *17. August:* Wagner zieht aus dem »Asyl« aus und reist nach Venedig.
- **1860** Er gibt Konzerte in Brüssel und Paris.
 Juli: Wagner erhält politische Amnestie.
- **1861** *13. März:* In Paris bricht der »Tannhäuser-Skandal« aus.
- **1862** Er reist durch verschiedene Städte, z.B. Dresden, Wien und Karlsruhe. Am 7. November begegnen er und seine Frau Minna sich zum letzten Mal.
- **1863** Wagner gibt Konzerte u.a. in St. Petersburg, Prag, Budapest und Wien.
- **1864** Er hat erneut Schulden und muß nun aus Wien vor Gläubigern flüchten.
 4. Mai: Er wird nach München berufen und begegnet dort zum ersten Mal König Ludwig II. von Bayern.
- **1865** *Mai:* Cosima bringt Wagners erstes Kind, Isolde, zur Welt.
 Juni: »Tristan und Isolde« wird in München uraufgeführt.
- **1866** *25. Januar:* Seine Frau Minna stirbt in Dresden. Wagner mietet sich ein Haus am Vierwaldstätter See.
- **1868** *21. Juni:* Mit der Uraufführung der »Meistersinger« in München gelingt Wagner ein großer Erfolg.
 Im November lernt Wagner Nietzsche in Leipzig kennen.
- **1869** *6. Juni:* Siegfried Wagner wird geboren.
 »Das Rheingold« wird in München gegen Wagners Willen auf Befehl Ludwigs II. uraufgeführt.
- **1870** Die »Walküre« wird in München uraufgeführt.
 25. August: Richard Wagner heiratet Cosima in Luzern, nachdem sie sich wenige Wochen vorher von Wagners Freund Hans von Bülow hatte scheiden lassen.
- **1871** Fürst Bismarck empfängt Wagner.
- **1872** *22. Mai:* Zum Bau des Bayreuther Festspielhauses wird der Grundstein gelegt.
- **1874** *28. April:* Wagner zieht nach Bayreuth in das Haus Wahnfried.
- **1876** Wagners Honorarkomposition »Festmarsch zur Feier des 100jährigen Jubiläums der amerikanischen Unabhängigkeit«

wird veröffentlicht.

13. August: Die ersten Bayreuther Festspiele werden mit »Rheingold« eröffnet. Uraufführung von »Siegfried« und »Götterdämmerung«.

1877 In London gibt Wagner acht Konzerte in der Royal Albert Hall; Königin Victoria empfängt ihn auf Schloss Windsor.

1882 *26. Juli:* »Parsifal« wird im Bayreuther Festspielhaus bei den zweiten Festspielen uraufgeführt.

1883 *13. Februar:* Richard Wagner stirbt in Venedig an einem Herzleiden und wird am *18. Februar* im Garten von Haus Wahnfried bestattet.

Dekadente Erzählungen

Im kulturellen Verfall des Fin de siècle wendet sich die Dekadenz ab von der Natur und dem realen Leben, hin zu raffinierten ästhetischen Empfindungen zwischen ausschweifender Lebenslust und fatalem Überdruss. Gegen Moral und Bürgertum frönt sie mit überfeinen Sinnen einem subtilen Schönheitskult, der die Kunst nichts anderem als ihr selbst verpflichtet sieht.

Rainer Maria Rilke Die Aufzeichnungen des Malte Laurids Brigge **Joris-Karl Huysmans** Gegen den Strich **Hermann Bahr** Die gute Schule **Hugo von Hofmannsthal** Das Märchen der 672. Nacht **Rainer Maria Rilke** Die Weise von Liebe und Tod des Cornets Christoph Rilke

ISBN 978-3-8430-1881-4, 412 Seiten, 29,80 €

Erzählungen aus dem Sturm und Drang

Zwischen 1765 und 1785 geht ein Ruck durch die deutsche Literatur. Sehr junge Autoren lehnen sich auf gegen den belehrenden Charakter der - die damalige Geisteskultur beherrschenden - Aufklärung. Mit Fantasie und Gemütskraft stürmen und drängen sie gegen die Moralvorstellungen des Feudalsystems, setzen Gefühl vor Verstand und fordern die Selbstständigkeit des Originalgenies.

Jakob Michael Reinhold Lenz Zerbin oder Die neuere Philosophie **Johann Karl Wezel** Silvans Bibliothek oder die gelehrten Abenteuer **Karl Philipp Moritz** Andreas Hartknopf. Eine Allegorie **Friedrich Schiller** Der Geisterseher **Johann Wolfgang Goethe** Die Leiden des jungen Werther **Friedrich Maximilian Klinger** Fausts Leben, Taten und Höllenfahrt

ISBN 978-3-8430-1882-1, 476 Seiten, 29,80 €

Erzählungen aus dem Sturm und Drang II

Johann Karl Wezel Kakerlak oder die Geschichte eines Rosenkreuzers **Gottfried August Bürger** Münchhausen **Friedrich Schiller** Der Verbrecher aus verlorener Ehre **Karl Philipp Moritz** Andreas Hartknopfs Predigerjahre **Jakob Michael Reinhold Lenz** Der Waldbruder **Friedrich Maximilian Klinger** Geschichte eines Teutschen der neusten Zeit

ISBN 978-3-8430-1883-8, 436 Seiten, 29,80 €

Erzählungen der Frühromantik

1799 schreibt Novalis seinen Heinrich von Ofterdingen und schafft mit der blauen Blume, nach der der Jüngling sich sehnt, das Symbol einer der wirkungsmächtigsten Epochen unseres Kulturkreises. Ricarda Huch wird dazu viel später bemerken: »Die blaue Blume ist aber das, was jeder sucht, ohne es selbst zu wissen, nenne man es nun Gott, Ewigkeit oder Liebe.«

Tieck Peter Lebrecht **Günderrode** Geschichte eines Braminen **Novalis** Heinrich von Ofterdingen **Schlegel** Lucinde **Jean Paul** Des Luftschiffers Giannozzo Seebuch **Novalis** Die Lehrlinge zu Sais
ISBN 978-3-8430-1878-4, 416 Seiten, 29,80 €

Erzählungen der Hochromantik

Zwischen 1804 und 1815 ist Heidelberg das intellektuelle Zentrum einer Bewegung, die sich von dort aus in der Welt verbreitet. Individuelles Erleben von Idylle und Harmonie, die Innerlichkeit der Seele sind die zentralen Themen der Hochromantik als Gegenbewegung zur von der Antike inspirierten Klassik und der vernunftgetriebenen Aufklärung.

Chamisso Adelberts Fabel **Jean Paul** Des Feldpredigers Schmelzle Reise nach Flätz **Brentano** Aus der Chronika eines fahrenden Schülers **Motte Fouqué** Undine **Arnim** Isabella von Ägypten **Chamisso** Peter Schlemihls wundersame Geschichte **Hoffmann** Der Sandmann **Hoffmann** Der goldne Topf
ISBN 978-3-8430-1879-1, 408 Seiten, 29,80 €

Erzählungen der Spätromantik

Im nach dem Wiener Kongress neugeordneten Europa entsteht seit 1815 große Literatur der Sehnsucht und der Melancholie. Die Schattenseiten der menschlichen Seele, Leidenschaft und die Hinwendung zum Religiösen sind die Themen der Spätromantik.

Brentano Die drei Nüsse **Brentano** Geschichte vom braven Kasperl und dem schönen Annerl **Hoffmann** Das steinerne Herz **Eichendorff** Das Marmorbild **Arnim** Die Majoratsherren **Hoffmann** Das Fräulein von Scuderi **Tieck** Die Gemälde **Hauff** Phantasien im Bremer Ratskeller **Hauff** Jud Süss **Eichendorff** Viel Lärmen um Nichts **Eichendorff** Die Glücksritter
ISBN 978-3-8430-1880-7, 440 Seiten, 29,80 €

Erzählungen aus dem Biedermeier

Biedermeier - das klingt in heutigen Ohren nach langweiligem Spießertum, nach geschmacklosen rosa Teetässchen in Wohnzimmern, die aussehen wie Puppenstuben und in denen es irgendwie nach »Omma« riecht.

Zu Recht. Aber nicht nur.

Biedermeier ist auch die Zeit einer zarten Literatur der Flucht ins Idyll, des Rückzuges ins private Glück und der Tugenden. Die Menschen im Europa nach Napoleon hatten die Nase voll von großen neuen Ideen, das aufstrebende Bürgertum forderte und entwickelte eine eigene Kunst und Kultur für sich, die unabhängig von feudaler Großmannssucht bestehen sollte.

Georg Büchner Lenz **Karl Gutzkow** Wally, die Zweiflerin **Annette von Droste-Hülshoff** Die Judenbuche **Friedrich Hebbel** Matteo **Jeremias Gotthelf** Elsi, die seltsame Magd **Georg Weerth** Fragment eines Romans **Franz Grillparzer** Der arme Spielmann **Eduard Mörike** Mozart auf der Reise nach Prag **Berthold Auerbach** Der Viereckig oder die amerikanische Kiste

ISBN 978-3-8430-1884-5, 444 Seiten, 29,80 €

Erzählungen aus dem Biedermeier II

Annette von Droste-Hülshoff Ledwina **Franz Grillparzer** Das Kloster bei Sendomir **Friedrich Hebbel** Schnock **Eduard Mörike** Der Schatz **Georg Weerth** Leben und Taten des berühmten Ritters Schnapphahnski **Jeremias Gotthelf** Das Erdbeerimareili **Berthold Auerbach** Lucifer

ISBN 978-3-8430-1885-2, 440 Seiten, 29,80 €

Erzählungen aus dem Biedermeier III

Eduard Mörike Lucie Gelmeroth **Annette von Droste-Hülshoff** Westfälische Schilderungen **Annette von Droste-Hülshoff** Bei uns zulande auf dem Lande **Berthold Auerbach** Brosi und Moni **Jeremias Gotthelf** Die schwarze Spinne **Friedrich Hebbel** Anna **Friedrich Hebbel** Die Kuh **Jeremias Gotthelf** Barthli der Korber **Berthold Auerbach** Barfüßele

ISBN 978-3-8430-1886-9, 452 Seiten, 29,80 €